Souvenance Legrand GOLO-KOLO

Eden, le cadre du mariage

Souvenance Legrand GOLO-KOLO

Eden, le cadre du mariage

Vivre heureux en couple

Éditions Croix du Salut

Imprint
Any brand names and product names mentioned in this book are subject to trademark, brand or patent protection and are trademarks or registered trademarks of their respective holders. The use of brand names, product names, common names, trade names, product descriptions etc. even without a particular marking in this work is in no way to be construed to mean that such names may be regarded as unrestricted in respect of trademark and brand protection legislation and could thus be used by anyone.

Cover image: www.ingimage.com

Publisher:
Éditions Croix du Salut
is a trademark of
Dodo Books Indian Ocean Ltd. and OmniScriptum S.R.L publishing group

120 High Road, East Finchley, London, N2 9ED, United Kingdom
Str. Armeneasca 28/1, office 1, Chisinau MD-2012, Republic of Moldova, Europe
Printed at: see last page
ISBN: 978-620-6-17011-2

Dédicace

Je dédie ce livre à ma mère LUKULU NTOYA Luna Jacqueline et à mon père GOLO Georges qui sont partis trop tôt auprès du Père dans la gloire.

Remerciements

« *Éternel, tu nous donnes la paix ; car tout ce que nous faisons, c'est toi qui l'accomplis pour nous* » (Esaïe 26 :12). Je n'aurais jamais imaginé qu'un jour, moi Legrand, je puisse écrire un livre. Ô ma très grande gratitude va premièrement à l'Éternel, le Dieu Très-Haut, grâce à qui cet ouvrage a vue le jour. Que toute la gloire, l'honneur, les félicitations lui soient donnés au nom du Seigneur Jésus-Christ de Nazareth, notre Sauveur. Merci infiniment notre Père qui es aux cieux pour ton intelligence et ta grâce.

De même ce document n'aurait vu le jour sans les multiples interventions de nombreuses personnes, à l'instar de mon mentor, l'homme de Dieu, le Révérend Docteur Mamy Raharimanantsoa. Je tiens à ce que vous sachez père, que vos enseignements, vos orientations, vos conseils, votre soutien, votre simplicité, votre patience, votre compétence et votre amour, m'ont été d'un apport considérable et inoubliable. Vous êtes un homme de Dieu accompli, un serviteur de Dieu qui a fait ses preuves. Que Dieu vous bénisse infiniment. Sans oublier Ruth Raharimanantsoa, qui m'a tant assisté de plusieurs manières dans le Seigneur. Merci pour votre cœur de serviteur et sensibilité à mon égard.

Je ne saurais surtout ne pas remercier mon cadeau du ciel, mon bonheur, ma précieuse et tendre épouse Merveille, ma perle rare, un trésor enfoui, une femme forte et exceptionnelle qui m'a toujours compris, encouragé, aidé et soutenue. Celle qui m'a toujours tout donné sans rien demander en retour. Que Dieu se souvienne de toi mon amour et qu'il te bénisse abondamment. Je t'aime et je t'aimerai toujours. A jamais tu es dans mon cœur, jusqu'au ciel dans la demeure sainte de notre Père. Trouve ici l'expression de ma reconnaissance : Ton Legrand qui t'aime et qui ne te mérite pas.

Mes remerciements vont également auprès de mes deux merveilleux enfants : Ruth Souvenance et Christopher Legrand. Merci beaucoup pour la force et la joie que vous me donnez. Je vous aime mes merveilles.

Enfin, je ne saurais clore cette rubrique sans remercier tous ceux qui d'une manière ou d'une autre ont pu contribuer à l'élaboration de cet ouvrage.

PREFACE

A travers les âges jusqu'à nos jours, les hommes ont cherché et cherchent à découvrir, à comprendre et à cerner par tous les moyens possibles, les principes autour desquels s'articulent tous les évènements de l'existence humaine. Et l'union conjugale d'un homme et d'une femme n'en fait pas exception. Bien que toute société soit appelée à s'organiser, mais très souvent on assiste à des exagérations ainsi qu'à des aberrations dans notre façon de réguler et d'appréhender le mariage. Chaque civilisation à tant soit peu son opinion sur ce qu'est et doit être l'union conjugale d'un homme et d'une femme. Dans certaines civilisations, cette union conjugale n'est qu'une très ancienne habitude sociale, mais solennelle et officielle dont la loi prévoit plusieurs textes dans le code civil fixant les règles de la vie commune d'un mariage hétérosexuel. Dans d'autres civilisations par contre, la loi prévoit le concubinage ou le Pacs (pacte civil de solidarité) qui donne la possibilité à deux personnes de même sexe (deux femmes ou deux hommes) de vivre en couple ; tout en prévoyant également des modalités simples et rapides de séparation que celles du mariage proprement dit. Chaque société a presque sa propre opinion en ce qui concerne le mariage. C'est dans cette perspective qu'on assiste à l'émancipation de l'amour livre, aux prédispositions encourageantes à l'avortement ainsi qu'à la professionnalisation ou la légalisation de la prostitution et toutes sortes de déviations morales et sexuelles au nom de la liberté et de la démocratie. Très souvent pour se justifier, chaque société a tendance à prôner sa souveraineté, sa culture, ses mœurs et ses habitudes pour défendre ces réalités quoique de fois honteuses et contre nature.

Cependant si ce monde dans lequel nous vivons a été créé par le Dieu suprême, est-ce qu'il n'existerait pas un code moral divin et universel régissant la vie des hommes dans ce monde, surtout en ce qui concerne le mariage (la base de toute société) ? Et s'il en existait un, est-ce que nos mœurs et nos coutumes seraient-elles au-dessus de ce code moral divin ? Les différentes façons mondaines de percevoir, de concevoir et d'appréhender les principes qui régissent le mariage sont tellement ancrées dans l'esprit des hommes au point où pour des milliers d'hommes, c'est la politique et les gouvernements sans oublier le peuple qui ont le pouvoir de décision sur telle ou telle autre chose, sur ce qui peut être accepté ou rejeté. A leurs yeux, Dieu n'est qu'une utopie, la Bible n'est qu'une invention des hommes religieux qui n'ont pas la tête bien posée sur les épaules. En d'autres termes, c'est l'homme qui est au centre du monde et c'est à lui seul de décider sur sa vie et sur la nature.

Mais la Bible qui est la Parole inhérente de Dieu, sa révélation spéciale et définitive, condamne avec la dernière énergie ces opinions aberrantes, ces tendances et visions du monde oblitérées. Selon la Bible, ces différentes tendances de pensées sont fausses et indignes de confiance d'où, elles ne peuvent renseigner ou fixer avec exactitude la véracité et les principes de l'union conjugale, des choses spirituelles ou mêmes celles du monde. Pour la Parole de Dieu, seul le Créateur a cette capacité, a ce pouvoir parce qu'Il est l'alpha et l'oméga (Apocalypse 1 :8 ; 21 :6 ; 22 :13) bien que nombreux préfèrent la science parce qu'elle peut prouver, démontrer et expliquer ce que l'homme ne comprend pas ; ils oublient que même la science a ses limites. D'ailleurs, ce n'est pas parce qu'on ne peut pas prouver quelque chose qu'elle n'existerait pas pour autant… Toute chose trouve et doit trouver son explication, sa raison d'être et son sens dans la Bible, qui est la Parole de Dieu. Seul l'Éternel Dieu à la lumière de son Esprit Saint, peut nous guider véritablement et façonner les différentes étapes de l'existence de l'union conjugale de l'homme et de la femme ainsi que celle de l'humanité toute entière parce que, comme le dit Daniel 2 :20-22 : « … *A lui appartiennent la sagesse et la force. C'est lui qui change les temps et les circonstances, qui renverse et établit les rois, qui donne la sagesse aux sages et la science à ceux qui ont de l'intelligence* ». Amen !

L'univers tout entier ainsi que les êtres humains existent par la volonté souveraine du Dieu d'amour, saint et invisible (Genèse 1 et 2). Colossiens 1 : 15-16 déclare : « *Il est l'image du Dieu invisible, le premier né de toute la création. Car en lui ont été créées toutes les choses qui sont dans les cieux et sur la terre, les visibles et les invisibles, trônes, dignités, dominations, autorités. Tout a été créé par lui et pour lui* ». Les visibles viennent de l'invisible. L'univers entier et ses habitants proviennent du Dieu éternel et invisible.

L'homme est d'abord spirituel avant d'être charnel. Tout ce qui existe, visible comme invisible, a des liens spirituels en Dieu invisible et ce n'est qu'à Dieu que nous pouvons poser toutes nos questions si nous voulons avoir des bonnes réponses. Nous devons remonter à l'origine, au commencement de toutes choses et auprès du Créateur en toute humilité afin de recevoir et de connaitre la véritable raison de l'existence des choses ainsi que la manière selon laquelle elles doivent être considérées.

Il est sage pour cela d'appliquer la démarche ou la méthodologie biblique du Seigneur Jésus-Christ en ce qui concerne la recherche des vérités essentielles du mariage, à savoir : *Qu'il faut toujours remonter au commencement* (Matthieu 19 :4-8 ; Marc 10 :2). Bien que le monde ait considérablement changé et que les hommes aient largement évolué, il n'en demeure pas moins de souligner que les principes de Dieu et sa vérité absolue demeurent invariables depuis les temps immémoriaux. C'est à l'homme de les reconnaitre et de s'humilier devant la sagesse infiniment variée du Dieu Tout-puissant (Éphésiens 3 :10) ainsi que devant sa majesté divine. Comme dit la Parole de Dieu dans Jacques 4 :8 :

« *Approchez-vous de Dieu et Il s'approchera de vous. Nettoyez vos mains, pécheurs ; purifiez vos cœurs, hommes irrésolus* ».

Dans le Psaumes 46 :11, il est écrit : « *Arrêtez, et sachez que je suis Dieu : Je domine sur les nations, je domine sur la terre* ».

Michée 6 :8 renchérit en disant : « *On t'a fait connaître, ô homme, ce que qui est bien ; et ce que l'Eternel demande de toi, c'est que tu pratiques la justice, que tu aimes la miséricorde, et que tu marches humblement avec ton Dieu* »

Chaque société a ses mœurs et sa culture, mais notre culture humaine n'est pas au-dessus de la Parole de Dieu, car par elle l'Eternel a fixé le fondement de toute chose. C'est pourquoi, la véritable repentance qui vient de Dieu transforme l'intelligence de l'homme, lui rendant capable de reconnaitre ce qu'il y a comme aberration dans sa propre culture. C'est dans cette perspective que nous aborderons notre problématique en ce qui concerne la raison d'être du cadre de l'union conjugale de l'homme et de la femme, à savoir : ***Le Jardin d'Eden***. Nous remonterons au commencement dans le livre de la Genèse, pour essayer de comprendre et d'en tirer les principes fondamentaux du mariage à la lumière du Saint-Esprit et à la limite de sa volonté, à travers le proto-couple : Adam et Eve dans le Jardin d'Eden. L'on pourrait se demander peut-être pourquoi la Bible ? Eh bien, tout simplement parce qu'elle ne parle pas seulement de Dieu, de son Fils et du Saint-Esprit mais parce qu'elle pose les bases fondamentales de l'humanité : son début et sa fin. Ce n'est pas un livre humain, mais il est intrinsèquement divin. Lisons quelques versets qui pourraient nous éclairer à ce sujet :

2 Pierre 1 :21 : « *Car ce n'est pas par une volonté d'homme qu'une prophétie a jamais été apportée, mais c'est poussés par le Saint-Esprit que des hommes ont parlé de la part de Dieu* ».

2 Timothée 3 :16-17 : « *Toute Écriture est inspirée de Dieu, et utile pour enseigner, pour convaincre, pour corriger, pour instruire dans la justice, afin que l'homme de Dieu soit accompli et propre à toute bonne œuvre* ».

Et le Psaumes 18 :31 de dire : « *Les voies de l'Éternel sont parfaites, la parole de l'Éternel est éprouvée ; il est un bouclier pour tous ceux qui se confient en lui* ».

La Bible est une mine d'or inépuisable et très discrète. Elle est souvent très brève, concise et ne donne pas tous les détails tant attendus. Mais elle est indispensable pour l'humanité, d'autant que pour comprendre l'état actuel de la race humaine ainsi que le type de relation que le Dieu créateur veut entretenir avec l'homme et la femme, il nous faut la scruter avec le concours du Saint-Esprit ; comprendre et connaitre surtout l'histoire de l'humanité avant la chute.

 Vous devez savoir que le mariage est la première institution divine avant le sabbat (le repos de Dieu). L'Éternel Dieu béni et sanctifia son jour du repos (Exode 20 :11) mais avant cela, Il bénit et sanctifia d'abord le mariage (Genèse 1 :28). Le mariage est le grand projet de Dieu sur terre, car ce n'est que par ce lien que le monde continue sa course et l'humanité se perpétue, que la terre est remplie. Le mariage est la vision et le projet à long terme de Dieu qui va jusqu'à l'éternité. Dieu est indispensable dans le mariage, la Bible déclare : « *Si l'Éternel ne bâtit la maison, ceux qui la bâtissent travaillent en vain...* ». (Psaumes 127 :1). Le substantif traduit par « maison », en hébreu : « *bayith* » a plusieurs significations : 1) **Maison** comme le lieu d'habitation, 2) **Temple** comme le lieu du culte, 3) **Interne** ou **intérieur** en parlant de ce qui est caché (le cœur) et enfin, 4) **Foyer, famille** ou **le couple**. A travers ce texte, l'Eternel se présente comme le véritable architecte et bâtisseur non du foyer seulement mais aussi et surtout de notre intérieur, de notre être interne et caché, de notre cœur, pour une union conjugale effective afin d'avoir un couple, une maison ou une famille digne de ce nom, capable de résister aux intempéries et à la convoitise de ce monde. C'est Dieu qui construit des couples solides à travers ses matériaux spirituels durables et incorruptibles à toutes épreuves. Sans Dieu comme fondement principal, quel que soit l'engagement, la force physique, émotionnelle et psychologique du couple, il finira par se fondre tôt ou tard. Car toute maison construite par n'importe quel être humain, est soumise à des tests volontaires et/ou involontaires ainsi que par l'épreuve des forces de la nature. Et si cet édifice n'est pas à la hauteur de sa prétention et ne répond pas aux normes de résistance, il s'écroulera lamentablement parce que ces forces naturelles ne viennent pas seulement pour tester mais aussi et surtout pour démolir. Dans Jean 10 :10 il est écrit : « *Le voleur ne vient que pour dérober, égorger et détruire...* ». Tout ce que l'homme construit sans Dieu finit ou finira toujours par disparaitre, par se détruire soit par la force naturelle (vent, tempête, tremblement de terre...), soit à travers le temps. Les plus belles cités antiques sont de nos jours que des souvenirs lointains, que des ruines remplies d'artefacts, des vestiges et toutes sortes d'objets de recherches scientifiques. Elles sont de nos jours que des sites archéologiques plongés dans la solitude et la mort totale. A l'instar de Babylone la grande. Capitale religieuse et politique de la Babylonie et de son empire. Babylone fut la plus extravagante, la plus fastueuse, la plus luxueuse et puissante ville du monde située sur la croisée de l'antiquité. Centre du commerce mondial, la plus riche ville du globe, où se trouvait l'une des sept merveilles du monde : « les jardins suspendus », que le roi Nabuchodonosor érigea pour sa femme Amytis, en souvenir de sa patrie ; ainsi que la plus grande tour dénommée tour de Bel. De nos jours Babylone n'est que ruine, elle n'est que poussière. Lorsque l'on regarde ses étendues désertiques, on a du mal à croire que là se trouvait Babylone la grande, la ville qui défie la science architecturale antique ainsi que son génie de l'invention.

De même dans notre époque moderne, les plus extraordinaires œuvres architecturales de l'homme, tombent dans le décombre le plus abject. A l'instar d'Agadir, la merveilleuse ville du Maroc occidental, premier port de pêche du pays où il suffisait de travailler 4 mois pour vivre tranquille, aisément le restant de l'année. Tout était prévu pour rendre la vie agréable à Agadir : des immeubles de luxes, des parcs ainsi que tout le confort qui s'ensuit. Mais, il en est fallu d'un séisme de 30 s, le 29 février 1960, de magnitude 7. Toute la ville s'est retrouvait enfoncée dans la terre. Le génie de la construction architecturale et tous les dispositifs de sécurité et de prévention n'ont pas pu empêcher et sécuriser la ville de la menace et de la colère du tremblement de terre. Quel que soit votre génie dans la construction de votre couple, il y a des choses que vous ne saurez jamais maitriser sans Dieu. Il est le seul à pouvoir réellement sécuriser votre union.

Que dirai-je encore du plus grand paquebot du début du XXe siècle que le monde n'ai jamais connu, un gigantesque bateau à vapeur et à moteur très performant à propulsion par hélice dont la coque était en fer et en acier. Déclaré même insubmersible par son concepteur Thomas Andrews et le plus moderne et luxueux paquebot de son époque: le Titanic. Un navire à couper le souffle et imposant qui défie les flots de l'Océan. Malheureusement malgré toutes les énergies concentrées, toutes les connaissances, techniques et technologies et mêmes toutes les sciences investies dans ce monstre marin, il ne fera le voyage qu'en un sens, sans retour et sans atteindre sa destination. Dans la nuit du 14 au 15 avril 1912, alors que le géant Titanic content d'effectuer sa première transatlantique, ignorait que ça serait sa première, l'unique et sa dernière traversée. Il coule au large de Terre-Neuve (île au large de la côte atlantique de l'Amérique du Nord), après avoir heurté un iceberg et causera la perte de plus de 1500 vies humaines. Il en est de même des couples qui se lancent dans l'aventure du mariage en ne comptant que sur leurs propres capacités, sur leur propre détermination, leur sur propre engagement et sur leur propre amour l'un envers l'autre, mais sans s'appuyer sur Dieu, ils s'ignorent que chemin faisant leur amour diminuera jusqu'à l'épuisement comme un ballon de baudruche qui perd petit à petit son air sans être pressé. Votre amour, votre engagement et votre fidélité ne suffisent pas pour garantir la sécurité de votre union conjugale si Dieu n'est pas le premier associé, si Dieu n'est pas au centre, car devant vous il y a et il y aura des icebergs bien fixés et positionnés dans la direction de votre couple. Et, vous pouvez me croire que si Dieu n'est pas avec vous, vous coulerez. Un jour les apôtres faisaient une traversée, subitement il s'éleva un grand tourbillon, et les flots se jetaient dans la barque, au point qu'elle se remplissait, mais heureusement pour eux, Jésus-Christ, le Fils du Dieu vivant, y était à bord. Ils en étaient sortis sains et saufs grâce à Jésus (Marc 4 :37-39).

Tant de catastrophes naturelles ou artificielles prouvent à suffisance que ce que l'homme bâtit malgré son génie et sa science et par ses propres efforts, ses propres compétences et ses connaissances, finit toujours mal lorsque Dieu n'y est pas associé. Ceci finit toujours par se ternir, par faillir et disparaitre parce que si du moins il a de la maitrise, le contrôle et le pouvoir sur des choses qu'il bâtit, il n'en a pas sur le temps, les circonstances et les éléments de la nature. Par contre, ce que l'Eternel bâtit subsiste éternellement. Pour preuve, le globe terrestre que l'Eternel a placé dans l'espace depuis des milliers d'années sans l'aide des poteaux pour le soutenir, ne tombe jamais malgré sa masse étonnante. En plus, la terre tourne au tour d'elle-même à une vitesse qui s'élève à 28000 km/h. Malgré cette vitesse impressionnante, ses habitants sont stables et vivent dans l'équilibre. Nous vivons tranquilles, sans être déséquilibrés ou vacillés sous l'effet du vertige. L'Éternel Dieu est le mystérieux grand constructeur qui sait construire des véritables édifices qui tiennent, résistent et demeurent éternellement. Si vous voulez que votre foyer subsiste malgré les intempéries, venez à Jésus-Christ. Malgré les grandes et puissantes nations qui voulaient détruire Israël, aucune n'avait pu tout simplement parce que Dieu était avec Israël.

Ce que Dieu bâtit subsiste à jamais, Il est l'unique et véritable bâtisseur qui est censé bâtir nos vies et nos foyers. Il est digne de diriger nos vies et nos familles. Tout couple qui n'est pas bâtit par Dieu, sur les fondements de sa parole et de sa volonté, ne l'est pas un véritablement, mais ressemble seulement à un couple. Tout mariage sans Dieu n'est pas un mariage puisque l'essence même du mariage, se trouve en Dieu. Toute relation hostile à la volonté de Dieu fera naufrage. Les deux conjoints doivent se rendre à l'évidence qu'ils ont besoin de Dieu et doivent volontairement se soumettre à lui afin de constituer un couple digne de ce nom. Quelles que soient notre beauté, notre intelligence et notre force, mais une fois décédés, l'on nous appellera cadavres. Le corps pourra bien être là, mais il sera sans vie. C'est ce qui arrive quand Dieu est absent dans un couple.

L'union conjugale d'un homme et d'une femme n'est pas le panage des hommes d'Etats ou de telle ou telle civilisation mais de Dieu, le Seul Créateur. Tout chef d'état ou candidat à la présidence vient avec son projet de société, sa vision des choses et son but à atteindre. De même Dieu n'a rien fait sans un but. La Bible déclare dans le livre des Proverbes 16 :4 : « *l'Éternel a tout fait pour un but* ». Rien n'a été créé au hasard mais par contre, tout existe pour un but précis, pour un objectif préétabli. L'aspiration au mariage trouve son fondement même dans la vision de Dieu pour les hommes, énumérée clairement dès la Genèse 2 :18 et 2 :24, où l'Éternel Dieu dit : « *Il n'est pas bon que l'homme soit seul ; je lui ferai une aide semblable à lui. v. 24 : C'est pourquoi l'homme quittera son père et sa mère, et s'attachera à sa femme, et ils deviendront une seule chair* ». C'est très clair selon la vision du Créateur qu'à un moment donné de leur existence, l'homme et la femme doivent s'unir pour vivre ensemble et devenir une seule chair. Dans 1 Timothée 5 :14-15, l'apôtre Paul écrit : « *Je veux donc que les jeunes se marient, qu'elles aient des enfants, qu'elles dirigent leur maison, qu'elles ne donnent à l'adversaire aucune occasion de médire ; car déjà quelques-unes se sont détournées pour suivre Satan* ».

L'union conjugale fait partie intégrante du plan de Dieu pour les humains, c'est également l'un des merveilleux cadeaux que l'Éternel Dieu ait donné aux êtres humains. Elle fait vibrer nos cœurs et change le rythme de nos vies. Tout homme et toute femme aspirent d'un moment à l'autre à trouver son âme sœur, la personne avec qui ils graveront les échelons de la vie. Certains le font très tôt, d'autres très tard et d'autres mêmes sans le savoir. Les uns le font pour le plaisir, d'autres pour des raisons qu'on saurait toutes énumérer. Cependant, peut sont ceux qui le font selon la volonté de Dieu, qui savent au moins cette volonté, qui reconnaissent et se soumettent volontairement à l'autorité de Dieu. Surtout de nos jours, l'union conjugale a perdu et continue de perdre de plus en plus son caractère sacré. Le sexe, la prostitution et l'amour libre sont monnaie courante dans nos sociétés dites modernes et civilisées. Nous faisons face à toutes sortes de déviations sexuelles et amoureuses, à plusieurs aberrations en ce qui concerne l'essence même du mariage.

Aucun homme n'achète ou ne fabrique quelque chose par plaisir sans raison fondamentale, et lorsque qu'on achète un appareil dont on ne maitrise pas le fonctionnement, l'on fait recours au manuel d'utilisation pour essayer de comprendre l'idée de son concepteur. En ce qui concerne également le fonctionnement du mariage, au lieu de nous confier et de nous tourner vers Dieu qui en est l'auteur, nous nous bornons à notre propre raisonnement et tordons péjorativement l'essence spirituelle même de l'union conjugale. Très souvent, il y a un très grand manque de conformité de la volonté de Dieu dans nos relations conjugales. Les motifs mêmes en sont contraires et indignes d'approbation divine. Nous en ignorons même la raison fondamentale tandis que le premier danger du mariage c'est de ne pas connaitre son pourquoi. Le manque de la connaissance, de la compréhension du pourquoi et du comment du mariage suscite le non engagement complet, la légèreté et un jugement insensé.

Tout corps humain sans esprit est mort, de même toute union conjugale sans Dieu est morte. Si le squelette maintient débout le corps tout entier, Dieu est celui qui maintient débout le mariage. La survie de tout être est liée à son milieu vital, sinon, l'on risque de paraître mais sans y être. Comme le poisson est lié à l'eau, son milieu existentiel et vital ; ainsi que l'arbre à la terre, de même que le mariage doit être lié directement à l'Éternel. Au cas contraire, il pourrait subsister. A ce moment, on aurait juste la forme, et non le fond. C'est comme si on était en face d'un corps sans âme. Dieu est la source vitale et le milieu de vie du mariage. C'est en étant lié à Dieu que le mariage reçoit les éléments nécessaires à sa survie comme l'arbre reçoit à travers la sève les sels minéraux absorbés directement dans le sol à partir des racines, les éléments nécessaires à sa survie. Sans être enraciné dans la terre et sans la sève, la mort de l'arbre est sans équivoque. Cela est pareil pour le mariage, il n'a été conçu que pour vivre selon la vision de Dieu. S'il n'est pas lié à Dieu et ne tire pas de Lui les éléments nécessaires à sa survie, il mourra.

La volonté de Dieu est que le mariage soit « *dans* » l'Éternel et l'Éternel « *dans* » le mariage ; le cas contraire n'est pas envisageable. Autrement cela ressemblerait à un moteur sans l'huile soit : ça fonctionnera mal, soit ça va couler. Mais dans les deux cas, le moteur sera bien là ; seulement, il fonctionnera mal ou ne fonctionnera plus du tout. Ôter Dieu du mariage est à peu près comme un chauffeur qui démarre sa voiture, met la vitesse et roule à vive allure la nuit mais sans volant ni lumière, il se retrouvera obligatoirement soit à l'hôpital soit à la morgue. Beaucoup de mariage ont connu de fin néfaste tout simplement parce que Dieu a été mis à l'écart, sa présence ainsi que la soumission à sa volonté ont été sous-estimées. Qui est celui qui achète un appareil électrique et dit : je n'ai pas besoin de l'électricité ?

Ce livre aidera tant soi peu par la grâce de Dieu et au moyen des Saintes-Ecritures, à comprendre et à connaitre le cadre du mariage (pour l'orient, que représente Eden…), son milieu vital et ses objectifs mais surtout l'importance de la présence de Dieu dans le mariage et la soumission à ses préceptes. Un homme a dit, je paraphrase : « *l'esprit fonctionne mieux comme la parachute, mais si elle est ouverte* ». Lisez ce livre avec un esprit ouvert mais surtout avec votre Bible à la main.

Que ce livre vous inspire et vous aide à comprendre tant soit peu l'importance et la volonté de Dieu dans votre foyer. Lisez-le avec une attitude de prière et soyez ouvert au Saint-Esprit.

Etant donné que j'ai qu'une petite intelligence, ma prière est qu'à côté de tous les grands ouvrages bibliques et spécialisés qui existent à ce sujet, ce petit livre puisse plus ou moins contribuer à apporter de l'éclairage en ce qui concerne la sacralité de l'union conjugale de l'homme et la femme selon la vision de Dieu (*le Jardin d'Eden*). Recevez et comprenez tant soit peu la volonté de Dieu en ce qui concerne l'union conjugale. En le lisant, laissez-vous pénétrer par la sagesse infiniment variée de Dieu (1 Éphésiens 3 :10).

Que le Dieu vous bénisse !

Souvenance Legrand GOLO-KOLO

Pasteur

CHAPITRE 1

Le Jardin du côté de l'orient

D'abord l'homme à l'image de Dieu

L'homme est la dernière créature de Dieu, créé le dernier jour de travaille de Dieu qui est le sixième jour avant son repos. Cependant, sa création va comporter une chose marquante et exceptionnelle. Avant sa création, Dieu dit : « *Faisons l'homme à notre image, selon notre ressemblance…* » (Genèse 1 : 26). Cette phrase dite par Dieu révèle son intimité et son amour à l'égard de l'homme, montrant ainsi combien l'homme revêt une place de choix et privilégiée devant son créateur. Dieu prend le risque de se proposer d'investir de son image dans l'homme qui n'est autre qu'une créature. Mais à travers cette volonté de Dieu de faire de l'homme une créature à son image, Dieu indique clairement par là qu'il voulait que l'homme soit plus spécial que les autres créatures et qu'il ait un but particulier, une mission particulière et différente de toutes les autres créatures.

En parlant de créer l'homme à son « image » et à sa « ressemblance », l'Éternel ne parlait pas ou ne faisait pas allusion à une créature spirituelle invisible, sinon il n'aurait pas créé l'homme avec un corps. Mais, il voyait plutôt une créature à la fois physique et spirituelle, capable de communiquer et d'être en contact avec lui, une créature dotée d'une intelligence supérieure, capable de vivre dans le palais de Dieu tout en suivant les règles et principes régissant ce palais. Une créature dont la terre (corps) servirait d'enveloppe extérieure alors que l'intérieur serait une demeure spirituelle parce que dans son plan, en dehors de tous les êtres vivants qui devaient vivre partout sur les espaces habitables de la terre selon leurs espèces, l'homme lui devait vivre avec Dieu et selon Dieu dans son palais, son sanctuaire qu'il devait installer sur la terre. Hors, pour demeurer éternellement dans le sanctuaire de Dieu ou du moins passer un tout petit moment, il fallait un être plus ou moins spécial dans ce sens qu'il devait avoir préalablement l'Esprit de Dieu en soi, ensuite être en mesure de marcher dans la sanctification selon la volonté de Dieu, afin de maintenir et de sauvegarder son état de sainteté grâce à cet Esprit de Dieu. Si les autres devaient vivre n'importe où sur la terre, l'homme lui devait vivre uniquement en présence de Dieu, selon Dieu, pour Dieu mais dans son sanctuaire (maison) : sa sainte résidence sur terre en Eden. Puisque ce jardin proviendra du ciel comme nous le verrons plus loin. Etant donné que personne ne peut servir Dieu ou même être en contact avec lui sans l'Esprit de Dieu en lui, l'homme devait avoir quelque chose de Dieu en lui comme Moïse qui pouvait supporter la présence de Dieu grâce à l'Esprit que l'Eternel avait mis en lui (Nombres 11 :25). En ce sens, l'homme devait servir de tente susceptible d'abriter l'Esprit du Dieu vivant en sorte que ce qui est mortel, éphémère soit englouti et maintenu par ce qui éternelle : la vie de Dieu (2 Corinthien 5 :4). Les animaux ne peuvent y être acceptés parce qu'ils ne sont pas en mesure de respecter et de suivre les règles de sainteté de Dieu. Ils vivent en désordre et suivant leurs instincts. Ils sont incapables de se contrôler et de se maintenir dans la sainteté en présence de Dieu. Ils sont du genre touche à tout et leur curiosité malsaine n'est pas la bienvenue dans la présence de Dieu où tout est organisé, structuré et surtout s'incline devant sa Majesté le Roi : l'Eternel des armées, l'Être suprême. Les animaux étaient des créatures de Dieu bien sûr mais pas ses élus à la hauteur de l'homme et de la femme que Dieu créa à son image et sa ressemblance (Genèse 1 :27). Contrairement à Christ Jésus qui vécut sur la terre en qualité d'homme remplit du Saint-Esprit, dans le Jardin d'Eden l'Eternel était l'Emmanuel mais sous une forme spirituelle et invisible. Malgré cet investissement de Dieu en créant les êtres humains à son image, Dieu, dans son amour les créa libre de faire leur choix comme il est lui-même libre. Le vrai amour agit en toute liberté et laisse libre les autres. Dieu ne voulait pas forcer les humains, mais que plutôt ces derniers devaient le servir et l'adorer par amour et par reconnaissance (Psaumes 50 :14). L'Éternel sachant que la véritable liberté implique forcement le choix et que tout choix comporte un refus, souhaitait que les humais fassent de bons choix et réfutent le péché et le mal délibérément.

Bien que les êtres humains ne pouvaient jamais être totalement comme Dieu, ils devaient néanmoins grâce à leur particularité d'être crées à l'image de Dieu, avoir le sens et le goût des préférences de Dieu à savoir : la sanctification, l'amour, le pardon, la fidélité aux engagements, la simplicité, la justice, la bonté, l'obéissance, la soumission… L'Éternel soulignait beaucoup plus ici le sens moral, intellectuel, relationnel, raisonnable et spirituel. Remarquons qu'avant, c'est la terre et les eaux qui produisaient directement des êtres vivants par la parole de Dieu (Genèse 1 : 20 et 24). Mais pour l'homme, Dieu n'a pas demandé à la terre de produire un être humain selon sa guise mais il a juste pris une partie de la terre qu'il a rassemblée pour former une tente capable de contenir son esprit puis a soufflé lui-même dans les narines pour que ce dernier devienne une âme vivante. En outre, Dieu voulait que l'homme ait quelque chose de la terre pour qu'il soit en harmonie avec les êtres terrestres sur le plan physique mais en ce qui concerne sa source de vie, sa connaissance, sa conscience… cela devaient provenir directement de Dieu. Il devait être en partie terrestre et en partie céleste. L'homme ne devait dépendre que de Dieu et être en mesure de diriger et d'organiser selon Dieu. En étant l'image de Dieu, il devenait directement son représentant légal, son œil et ambassadeur investi de pleins pouvoir d'agir et de restriction. Par-là, il bénéficiait d'une relation unique et intimement intime avec le créateur. En sus, en faisant l'homme à son image, l'Éternel Dieu, l'élevait au rang du médiateur entre Dieu et les autres créatures et pour montrer sa supériorité sur les autres créatures, l'Éternel fit venir vers l'homme toutes les autres créatures afin que tout être vivant portât le nom que lui donnerait l'homme (Genèse 2 :19).

Quand les autres créatures sont sorties de la terre et des eaux, elles étaient déjà vivantes. Par contre, lorsque l'homme a été formé de la poussière de la terre, il était encore sans vie. C'est pour cela que Dieu devait souffler sans ses narines pour lui communiquer la vie, la partie divine venant de Dieu Lui-même. Alors que les autres créatures devaient respecter les principes de vie de la terre pour vivre, l'homme quant à lui devait respecter ceux de Dieu, s'il tenait à la vie éternelle provenant de Dieu. Il ne devait rien faire selon lui-même ou selon qui que ce soit mais tout devait être selon

Dieu, pour Dieu et avec Dieu. Il recevait son autorité de Dieu et ne devait rendre compte qu'à Dieu. Il devait personnifier les attributs communicables de Dieu en vivant dans la présence de Dieu dans son sanctuaire et selon les directives de Dieu.

Le choix de l'Orient

« Puis *l'Éternel Dieu planta un jardin en Eden, du côté de l'orient, et il y mit l'homme qu'il avait formé* » (Genèse 2 :8). C'est difficile de savoir avec exactitude où est situé l'orient sur terre du point de vue de Dieu. Néanmoins, si nous ne pouvons pas connaitre l'endroit exact selon Dieu, nous pouvons au moins avec l'aide du Saint-Esprit, en connaitre le sens spirituel. Mais avant toute chose, nous savons que pour la plupart des hommes, c'est la direction de l'orient qui détermine les points cardinaux, tout simplement parce qu'elle est fixe par le lever du soleil et qu'elle aide à s'orienter. C'est pratiquement pareil selon le symbolisme biblique.

L'orient, c'est substantif a une variété des significations, de l'hébreu « *ûr* » qui vient de « *ôr* » : « *lumière* » ; le côté d'où vient la lumière à la suite de la nuit. La Bible déclare dans 1 Jean 1 : 5 : « *La nouvelle que nous avons apprise de lui, et que nous vous annonçons, c'est que Dieu est lumière, et qu'il n'y a point en lui de ténèbres* ». Mais aussi « *môsâ*» : « *sortie* » et « *mizrâh* » : « *sortie du soleil* ». Hors mis le fait qu'il indique l'endroit où vient la lumière, il représente aussi ce qui est devant cette lumière : « *Qàdîm*» : « *ce qui est devant* » ; et « *lifné* » : « *ce qui est en face* », de « *Qèdèm* » en hébreu, ce qui veut dire « *devant* ». Pour s'orienter, les Israelites se tournaient du côté du soleil levant, d'où les expressions, qadim, « ce qui est devant soi, ». Bien qu'à première vue, il renvoie au « mystère caché ». Dans Apocalypse 16 : 12 par ex. il écrit : « *Le sixième ange versa sa coupe sur le grand fleuve, l'Euphrate, afin que le chemin des rois venant de l'orient fut préparé* ». Et dans Matthieu 2 :9, l'*étoile* que les mages avaient vue en *orient* marchait *devant* eux jusqu'à ce qu'étant arrivée au-dessus du *lieu* où était le petit enfant (Jésus, l'Emmanuel), elle s'*arrêta*. Du grec « *anatolé* » : « partie de l'horizon du côté de laquelle le soleil se lève. Plus loin, il prend la signification de : « *germe ; rejeton* », « *sémah* » en hébreu   selon Zacharie 3 :8 ; 6 :12.

Selon le symbolisme biblique du terme, l'orient indique la direction de la rencontre avec la lumière, avec Dieu. Il indique l'endroit où sont situées la lumière et l'origine de la vie. La direction de l'orient conduit au sanctuaire, dans la maison de Dieu, en sa présence. Jésus a dit : « *Je suis le chemin, la vérité et la vie. Nul ne vient au Père que par moi* » (Jean 14 :6). D'après la description du tabernacle érigé par Moïse dans le désert selon le modèle que l'Éternel lui avait montré sur la montagne, la porte de l'entrée est située du côté de l'orient (Exode 27 : 13-16). Cela représente la miséricorde et l'amour du Dieu vivant et transcendant. Malgré sa sainteté, sa majesté et sa toute-puissance, le Grand Dieu ouvre une brèche de sa gloire pour les hommes.

L'Orient est la direction à prendre si l'on veut voir Dieu, si l'on veut entrer dans son sanctuaire, dans le parvis de sa maison, le chemin à emprunter, le sens à suivre pour avoir le salut et la vie éternelle. La Bible enseigne que « *… l'Éternel Dieu est un soleil et un bouclier, l'Éternel donne la grâce et la gloire, Il ne refuse aucun bien à ceux qui marchent dans l'intégrité* » (Psaumes 84 :12). Et Jésus-Christ, son Fils, est « *le soleil levant qui nous a visités d'en haut, pour éclairer ceux qui sont assis dans les ténèbres et dans l'ombre de la mort, pour diriger nos pas dans le chemin de la paix* » (Luc 1 :78-79). Dans Apocalypse22 :1-5 il est dit : « *Et il me montra un fleuve d'eau de la vie, limpide comme du cristal, qui sortait du trône de Dieu et de l'agneau. Au milieu de la place de la ville et sur les deux bords du fleuve, il y avait un arbre de vie, produisant douze fois des fruits, rendant son fruit chaque mois, et dont les feuilles servaient à la guérison des nations. Il n'y aura plus d'anathème. Le trône de Dieu et de l'agneau sera dans la ville ; ses serviteurs le serviront et verront sa face, et son nom sera sur leurs fronts. Il n'y aura plus de nuit ; et ils n'auront besoin ni de lampe ni de lumière, **parce que le Seigneur Dieu les éclairera**. Et ils régneront aux siècles des siècles* ».

L'objectif de Dieu était que le proto-couple humain ainsi qu'à venir demeurent pour toujours *devant* Lui (*la lumière*), qu'ils soient conduits par elle et vivent à jamais dans sa présence. Dans Psaumes 43 :3 il est dit : « *Envoie ta lumière et ta fidélité ! Qu'elles me guident, qu'elles me conduisent à ta montagne sainte et à tes demeures !* ». Ce n'est qu'en se tournant vers Jésus, le soleil levant, que l'observateur voit devant lui la direction du salut, de la vie éternelle, de la réconciliation avec Dieu, de la paix et du vrai bonheur jamais conquis. L'Éternel Dieu, notre créateur a un domicile, a une adresse, et pour y arriver, il suffit tout simplement de prendre la bonne direction que Dieu lui-même a placée devant chaque personne et cette direction c'est Jésus-Christ, le chemin qui conduit à Dieu. La parole de Dieu déclare : *Jésus est la pierre rejetée par vous qui bâtissez, et qui est devenue la principale de l'angle. Il n'y a de salut en aucun autre, car il n'y a sous le ciel aucun autre nom qui ait été donné parmi les hommes, par lequel nous devions être sauvés* (Actes 4 :11-12).

Le couple primitif n'avait pas un autre cadre de vie conjugale sinon dans la présence de Dieu, devant Dieu et avec Dieu. Ils avaient l'obligation de rester en cette présence s'ils voulaient continuer de vivre heureux et pour toujours. C'est grâce à la lumière que nous pouvons marcher sans tâtonner, ni tomber. La lumière permet d'y voir clair et de prendre la bonne direction. David a dit dans Psaumes 119 :105 : « *Ta parole est une lampe à mes pieds, une lumière sur mon sentier* ». S'éloigner de la lumière de Dieu, s'est se perdre dans les ténèbres du dehors, dans l'envoutement du diable ; raison pour laquelle, le couple devait rester « *devant* » et dans la lumière de Dieu, leur créateur. Car, dépasser ce cadre ou les limites insinuées par Dieu, entrainerait des conséquences néfastes et destructrices pour le couple.

Il y a des limites à ne pas franchir. Proverbes 14 :12 déclare : « *Telle voie paraît droite à un homme, mais son issue, c'est la voie de la mort* ». La bonne direction est celle dont Dieu nous indique et le bon cadre de vie est également celui que Dieu nous a préparés. Les êtres humains ne peuvent vivre loin de Dieu, parce qu'ils sont créés à l'image et la ressemblance de Dieu, ils ne tirent leur souffle de vie ni de la nature ni de la terre mais de Dieu directement. De nos jours les hommes cherchent toutes sortes d'astuces pour vivre heureux dans leur foyer, seulement au lieu de venir à Jésus, ils cherchent toutes sortes des choses mondaines et éphémères qui ne peuvent les combler. Seul Dieu qui a établi le mariage peut aider à vivre en paix et dans la joie réelle et non les choses éphémères qui ne nourrissent pas l'âme et ne comblent pas le cœur, ni même les hommes eux-mêmes.

Le regard du couple sur Dieu et celui de Dieu sur le couple

Rester « devant » Dieu est synonyme d'avoir le regard fixé vers Dieu et en même temps, vivre la rétroaction (regard de Dieu vers nous). De notre part, c'est de ne pas voir au monde ou de chercher à faire comme les autres ; c'est de ne pas recevoir l'instruction du monde moins encore d'attendre quelque chose de sa part mais de recevoir tout de Dieu. Dans Romains 12 : 1-2 il est écrit : «*Je vous exhorte donc, frères, par les compassions de Dieu, à offrir vos corps comme un sacrifice vivant, saint, agréable à Dieu, ce qui sera de votre part un culte raisonnable. Ne vous conformez pas au siècle présent, mais soyez transformés par le renouvellement de l'intelligence, afin que vous discerniez quelle est la volonté de Dieu, ce qui est bon, agréable et parfait*». Le couple ne devait compter que sur Dieu et ne dépendre que de Lui. Dieu ne voulait pas que les hommes copient les autres êtres ou prennent leur exemple mais plutôt le contraire. Le couple doit pour toujours suivre et demeurer « devant » la lumière de Dieu quel que soit les saisons et les circonstances.

Lorsque l'on demeure devant la lumière de Dieu, l'on est bénéficiaire au retour du regard rassurant, favorable et tendre du Dieu Tout-Puissant. Psaumes 32 :8 : « *Je t'instruirai et te montrerai la voie que tu dois suivre ; Je te conseillerai, j'aurai le regard sur toi* ». En étant « devant » l'Éternel, le proto-couple bénéficiait des soins particuliers et uniques. Un traitement et une relation d'intimité différente de ceux des autres. Dieu était leur professeur et leur guide touristique, leur conseiller et leur garde du corps. Rien ne pouvait leur nuire aussi longtemps qu'ils demeurent dans la présence de Dieu et que le regard de Dieu était sur eux. Ils ne devaient pas aller loin de ce regard et loin du contrôle de Dieu. Le regard de Dieu sur soi est la plus merveilleuse chose qui soit, cela nous garantit la paix et la sécurité absolue et éternelle. Les fils de Koré ont énumérés la sécurité qui nous vient de l'Éternel dans Psaumes 46 en ces termes : « *Dieu est pour nous un refuge et un appui, un secours qui ne manque jamais dans la détresse. C'est pourquoi nous sommes sans crainte quand la terre est bouleversée, et que les montagnes chancellent au cœur des mers, quand les flots de la mer mugissent, écument, se soulèvent jusqu'à faire trembler les montagnes. Il est un fleuve dont les courants réjouissent la cité de Dieu, le sanctuaire des demeures du Très-Haut. Dieu est au milieu d'elle : elle n'est point ébranlée ;*

Dieu la secourt dès l'aube du matin. Des nations s'agitent, des royaumes s'ébranlent ; Il fait entendre sa voix : la terre se fond d'épouvante. L'Éternel des armées est avec nous, le Dieu de Jacob est pour nous une haute retraite. Venez, contemplez les œuvres de l'Éternel, les ravages qu'il a opérés sur la terre ! C'est lui qui a fait cesser les combats jusqu'au bout de la terre ; Il a brisé l'arc, et il a rompu la lance, Il a consumé par le feu les chars de guerre. Arrêtez, et sachez que je suis Dieu : Je domine sur les nations, je domine sur la terre. L'Éternel des armées est avec nous, Le Dieu de Jacob est pour nous une haute retraite ».

CHAPITRE 2

Le Jardin d'Eden

L'on sait sans le moindre doute que toute bonne construction exige plusieurs facteurs à prendre en compte selon le type de terrain ainsi que de l'édifice à construire. Ce sont ces deux facteurs qui déterminent le type d'architecte à rechercher ainsi que les types des matériaux à utiliser. Un bon architecte qui souhaite bâtir quelque chose d'unique, de spéciale et de durable, exigera préalablement la prise en compte de l'étude du terrain par une topographie spécialisée et rigoureuse selon le type de l'œuvre à bâtir. Le monde regorge plusieurs spécialistes dans tel ou tel autre domaine, d'où, pour chaque type de travail, l'on appellera ou recherchera celui ou celle qui est le mieux qualifié pour l'exécuter. De même, la construction d'un couple solide ou d'un foyer assis et équilibré exige plusieurs facteurs et fait partie du domaine de Dieu. Dieu seul en est le spécialiste. Et étant un architecte divin de renom et jamais égalé, il a pris le soin et le temps nécessaire de faire une topographie spirituelle avant de bâtir le premier proto-couple humain (Adam et Eve), afin qu'ils aient un cadre de vie commune idéal. Il n'a pas voulu le bâtir à la hâte, n'importe où et n'importe comment mais il a préalablement mené des études conséquentes. Ce n'est qu'après son étude spirituellement rigoureuse, que Dieu concluant que le bon endroit pour y mettre le proto-couple humain est dans : le ***Jardin***, qui doit se trouver en ***Eden***, et du côté de l'***Orient***.

Pourtant, il y avait plusieurs endroits car l'Éternel venait déjà de créer cet énorme bijoux suspendu (le globe terrestre) où tout était en parfaite harmonie et dans une paix extraordinaire, avec des magnifiques cours d'eau, un paysage merveilleux et unique ; une beauté de rêve. Mais, l'Éternel Dieu ne voulut point que le couple humain qu'il venait de former vive n'importe où et n'importe comment dans n'importe quel endroit de la terre. Les animaux quant à eux pouvaient vivre dans n'importe quel endroit, les uns sur la surface de la terre, les autres dans les eaux et dans les endroits dont la vie pouvait être possible. Mais, pour le proto-couple humain, Dieu prépare un endroit spécial dans sa création spéciale (la terre), il y plante un jardin magnifique : « Puis *l'Éternel Dieu planta un jardin en Eden, du côté de l'orient, et il y mit l'homme qu'il avait formé* » (Genèse 2 :8). C'est dans ce magnifique jardin que l'Éternel installe le proto-couple humain. Pour Dieu, le Jardin d'Eden était le cadre idéal et incontestable de la vie conjugale de l'homme et la femme. La question que l'on pourrait se demander est : Pourquoi ? Pourquoi prendre la peine de créer encore un jardin au moment où la terre est déjà prête pour toute habitation ?

Il est à noter que pour ce type de projet de construction de proto-couple, qui est l'un des grands projets de Dieu, il n'est pas aux hommes de le bâtir ou de décider de se former en couple mais c'est à Dieu de le faire. Tout simplement parce que l'homme étant une créature limitée, ne peut construire un solide édifice spirituel de ce genre, même s'il le voulait il n'en serait pas capable parce que cela dépasse de loin ses compétences et ses facultés. Cela requiert du Divin. C'est n'est pas n'importe quel architecte qui peut construire n'importe quel type d'édifice, puisque les édifices mêmes sont classés en plusieurs types et catégories. Chaque type d'édifice a son type d'architecture et son type d'architecte. Humainement parlant, il existe plusieurs types d'architecture de construction d'habitation : architecture religieuse ; civile ou industrielle. Et, les architectes sont classés et répertoriées selon ces différents types. Mais en ce qui concerne le domaine de l'union conjugale qui relève du divin, seul Dieu en est à la hauteur. En sus, Seul l'architecte est capable d'imaginer et de proposer une construction en fonction des attentes. Il est le seul à connaitre concrètement selon le type de construction, l'importance et la valeur du plan qu'il a établi, de sa maquette ainsi que la qualité et le bon dosage des différents matériaux sélectionnés (sable ; fer ; bois ; pierre ; brique ; verre …) et des différentes étapes obligatoires de la construction. L'ouvrier moins aguerrit qui oserait sous-estimer les différentes phases du plan ainsi que du choix des matériaux, se rendra vite compte devant certains problèmes, qu'il fallait s'en tenir au plan de l'architecte.

L'élaboration d'un jardin en Eden est le dernier travail effectué par Dieu avant l'instauration du sabbat, le repos. Il est écrit : « Puis *l'Éternel Dieu planta un jardin en*

Eden, du côté de l'orient, et il y mit l'homme qu'il avait formé » (Genèse 2 :8). Etymologiquement le mot « *Eden* » en hébreu est emprunté du vocabulaire suméro-akkadien signifiant : « steppe » : un vaste plein de buissons et de pâturages. Ce mot a un champ sémantique très large signifiant souvent : délices ; luxe ; mignon ; délicat ; ravir ; réjouir ; se délecter… Il caractérise tout ce qui est agréable, bon et joli. Eden est le lieu où il fait beau vivre par opposition au désert, à la terre non cultivée ou dévastée. Cependant si l'on s'arrête à cette définition, nous ne comprendrions jamais le sens profond et spirituel d'Eden, car son symbolisme spirituel est plus profond que sa signification normale.

Selon Ézéchiel 28 :11-19, Eden est un « *sanctuaire* » ; « *la sainte montagne de Dieu* » ; un « *lieu consacré* » ; la « *partie qui doit être considéré comme inviolable, sainte* ». Un édifice où la droiture et les hommes droits vivent. Le lieu où le Dieu saint foule le pied et où il ne doit y avoir aucun péché. En d'autres termes, Eden est le lieu des cultes, l'endroit mis à part pour adorer et rencontrer l'Éternel ; l'endroit choisi par l'Éternel pour y résider son grand nom sur la terre. Dans Deutéronome 12 : 5, Moïse disait aux enfants d'Israël : « *Mais vous le chercherez à sa demeure, et vous irez au lieu que l'Éternel, votre Dieu, choisira parmi toutes vos tribus pour y placer son nom* ». Eden était l'endroit où l'on pouvait chercher et trouver l'Éternel, c'était la demeure de Dieu.

Dans la parole de Dieu, Eden fait référence à l'endroit où l'on vient rencontrer l'Éternel. Avant le tabernacle mobile dans le désert, où le peuple de Dieu venait adorer, rencontrer son Dieu et écouter sa voix à travers son serviteur Moïse ; avant le temple de Salomon et le second temple de Zorobabel agrandi par Hérode le Grand ; Eden est le premier « *sanctuaire* » institué par l'Éternel lui-même où les hommes l'adoraient et jouissaient d'une magnifique et parfaite communion avec Lui, en jouissant également d'une harmonie extraordinaire entre eux. Toutes les estimations intellectuelles et géographiques que nous pourrions faire pour situer Eden sont vaines, Eden est le « *lieu très saint de Dieu* »sur terre où Dieu est l'Emmanuel. Malgré le péché de l'homme, Eden n'a jamais été détruit, mais c'est l'homme qui en a été séparé, qui a été mis hors ou chassé. Eden est la montagne où éclate la majesté divine et sa toute puissance (Ezéchiel 28 :13-14).

Eden est la demeure mystérieuse de Dieu, le tabernacle de Dieu sur la terre parmi les hommes ; le proto-couple était ses sacrificateurs. C'est là où les hommes pouvaient rencontrer Dieu face à face et recevoir l'éclat de sa gloire qui leur communiquait la vie éternelle à jamais. Mais à cause du péché, l'homme a été chassé de cette couverture de la gloire céleste ; il a été délogé et renvoyé de la présence du Tout-Puissant. Mais en Jésus-Christ, nous sommes retournés en Eden, dans le sanctuaire de Dieu où nous sommes tous des sacrificateurs comme auparavant avant la chute de l'homme.

Apocalypse 1 :5-6 : « *Et de la part de Jésus Christ, le témoin fidèle, le premier-né des morts, et le prince des rois de la terre !* ***A celui qui nous aime, qui nous a délivrés de nos péchés par son sang, et qui a fait de nous un royaume, des sacrificateurs pour Dieu son Père***, *à lui soient la gloire et la puissance, aux siècles des siècles ! Amen !* ».

Apocalypse 5 :10 : « ***Tu as fait d'eux un royaume et des sacrificateurs pour notre Dieu, et ils régneront sur la terre*** ».

Apocalypse 20 :6 : « *Heureux et saints ceux qui ont part à la première résurrection ! La seconde mort n'a point de pouvoir sur eux ;* ***mais ils sont sacrificateurs de Dieu et de Christ, et ils régneront avec lui pendant mille ans*** ».

Tout d'abord, il sied de préciser que l'Éternel Dieu créateur n'avait pas créé un nouveau jardin mais plutôt l'avait « **planté** ». En d'autres termes, il avait pris ce jardin de quelque part pour venir le planter là dans cet endroit. Il l'avait transporté du ciel comme il en sera le cas avec la seconde venue Christ. Apocalypse 21 :1-4 : « *Puis je vis un nouveau ciel et une terre ; car le premier ciel et la première terre avaient disparu, et la mer n'était plus. Et je vis descendre du ciel, d'auprès de Dieu, la ville sainte, la nouvelle Jérusalem, préparée comme une épouse qui s'est parée pour son époux. Et j'entendis du trône une forte voix qui disait :* ***Voici le tabernacle de Dieu avec les hommes ! Il habitera avec eux, et ils seront son peuple, et Dieu lui-même sera avec eux.*** *Il essuiera toute larme de leurs yeux, et la mort ne sera plus, et il n'y aura plus ni deuil, ni cri, ni douleur, car les premières choses ont disparu* ».

D'ailleurs, le verbe traduit par « planter » en français, est « *nâta* » en hébreu qui signifie : installer, établir, mettre, actionner ou forer. Le jardin d'Eden est le tabernacle du Dieu invisible qui existait au ciel mais que Dieu installa sur terre parmi les hommes ; c'était le palais royal de Dieu installé sur la terre au milieu des hommes pour vivre avec eux. Ce palais était mis à part du côté de l'orient qui n'est autre que devant Dieu lui-même. C'était un endroit particulièrement particulier qui n'était pas mélangé avec les autres espaces terriennes. C'était le tabernacle de Dieu parmi les hommes, la ville sainte. Cette ville sainte est plus ou moins similaire de celle dont parle l'apôtre Jean dans sa vision du retour du Seigneur dans l'Apocalypse 21 : 2-3 : « *Et je vis descendre du ciel, d'auprès de Dieu, la ville sainte, la nouvelle Jérusalem, préparée comme une épouse qui s'est parée pour son époux. Et j'entendis du trône une forte voix qui disait : Voici le tabernacle de Dieu avec les hommes ! Il habitera avec eux, et ils seront son peuple, et Dieu lui-même sera avec eux* ». En sus, au chapitre 22 :1-5 que nous venons de voir plus haut il est dit : « *Et il me montra un fleuve d'eau de la vie, limpide comme du cristal, qui sortait du trône de Dieu et de l'agneau. Au milieu de la place de la ville et sur les deux bords du fleuve, il y avait un arbre de vie, produisant douze fois des fruits, rendant son fruit chaque mois, et dont les feuilles servaient à la guérison des nations. Il n'y aura plus d'anathème. Le trône de Dieu et de l'agneau sera dans la ville ; ses serviteurs le serviront et verront sa face, et son nom sera sur leurs fronts. Il n'y aura plus de nuit ; et ils n'auront besoin ni de lampe ni de lumière, parce que le Seigneur Dieu les éclairera. Et ils régneront aux siècles des siècles* ».

Adam et Eve devaient vivre éternellement si et seulement ils n'avaient pas coupé le contact avec Dieu par le péché. Ils étaient au service de Dieu et voyaient sa face. Le couple ne venait pas de temps en temps en Eden mais ils y habitaient. Psaumes 91 :1 déclare : « *Celui qui demeure sous l'abri du très-Haut, repose à l'ombre du Tout-Puissant* ». Ils vivaient dans le « sanctuaire », dans le Temple de Dieu. C'était leur demeure et la relation conjugale d'Adam et Eve et tout ce qui s'y trouvait étaient inclus dans le culte et faisait partie du culte. A ce stade, rien de ce que l'homme faisait avec sa femme n'était mal aux yeux de l'Éternel puisque le Seigneur Dieu les éclairait et toute leur descendance devait naitre là dans le tabernacle de Dieu afin de former un peuple saint, un royaume des sacrificateurs. C'était une relation sainte soumisse à l'obéissance de la volonté de Dieu et de son l'autorité. Tout se faisait et devait se passer en Eden, c'est-à-dire, dans la présence de Dieu, au « sanctuaire » et non hors de cette présence, sinon cela entrainerait le désordre morale sur toute l'échelle de l'humanité, l'anarchie spirituelle et le dérèglement. La Bible déclare dans Hébreux 13 : 4 : « *Que le mariage soit honoré de tous, et le lit conjugal exempt de souillure, car Dieu jugera les impudiques et les adultères* ». Et 1 Pierre 4 :5: « *Ils rendront compte à celui qui est prêt à juger les vivants et les mort* ». Tout devait être pour la gloire de Dieu, son unique gloire et selon ses voies.

Eden, le Sanctuaire de Dieu

En lisant attentivement les deux récits de la création (Genèse 1 et 2), l'on se rend vite à l'évidence qu'Eden est le seul endroit qui porte un nom dans la création en dehors de quatre bras du fleuve qui sortait d'Eden pour arroser le jardin (Genèse 2 :10-14) ; pourtant, la terre était aussi vaste qu'elle l'est aujourd'hui avec plusieurs blocs et localités mais ils ne portaient pas de nom précis. Cela n'est pas un hasard car en donnant un nom précis, le créateur voulait attirer notre attention sur son « *sanctuaire* ». Si Eden est le « *sanctuaire* » de Dieu, l'endroit où l'on rencontre l'Éternel, il renvoie obligatoirement à la notion de « *sanctification* ». Dans Exode 3 :4, l'Éternel dit à Moïse : « ... *N'approche pas d'ici, ôte tes souliers de tes pieds, car le lieu sur lequel tu te tiens est une terre sainte* ». Adam et Eve se trouvaient dans une terre sainte parce que Dieu y était présent. Selon sa racine hébraïque (*Qadosh*), la sanctification a deux sens fondamentaux : D'abord, elle signifie : « *mis à part pour un usage exclusif* », « *séparé* » et ensuite : « *quelque chose de sacré par opposition au profane* ». L'union conjugale est quelque chose de sacré tout d'abord du fait qu'elle vient de Dieu, c'est Dieu qui l'a instituée, ensuite, elle se passe devant Dieu, dans son temple, et enfin, parce que l'homme et la femme sont faites pour conserver, préserver et protéger la sainteté du sanctuaire de Dieu sur terre. D'où, l'union conjugale ne doit pas être prise à la légère et même dévalorisée. Ne pas prendre l'union conjugale au sérieux, c'est manquer du respect à Dieu et manquer du respect à Dieu entraine des lourdes conséquences à court et à loin terme.

Dieu ne fait rien et n'a rien fait par hasard, par amusement ou passetemps. S'il a pris du temps pour chercher et préparer une place spéciale pour le proto-couple humain, cela doit nous interpeler et nous montrer combien cela est très important à ses yeux. S'il n'a pas permis qu'Adam et Eve vivent n'importe où mais uniquement dans son palais, cela devrait attirer notre attention sur le fait que Dieu souhaite que le couple soit saint et vive sous son autorité. Lévitique 19 :1-2 : « *L'Éternel parla à Moïse, et dit : Parle à toute l'assemblée des enfants d'Israël, et tu leur diras : Soyez saints, car je suis saint, moi, l'Éternel, votre Dieu* ». Etant la résidence de Dieu, Eden ainsi que ses habitants devaient à jamais être saints. L'homme était l'ambassadeur du Dieu très Haut auprès des autres créatures. C'était un royaume où Dieu régnait en Roi, en Maître absolu, le Seigneur ; le commandant suprême de l'union conjugale d'Adam et Eve et le couple en serviteur.

L'un des grands mathématiciens, physiciens, philosophes et théologiens du XVIIe siècle, Blaise Pascal, disait : qu'« *Il y a dans le cœur de l'homme un vide que seul Dieu peut combler* », dans le sanctuaire de Dieu, le couple primitif (Adam et Eve) était comblé de Dieu. Dieu était leur source d'énergie et de vie, comme la terre l'est pour l'arbre et l'eau pour le poisson. Personne ne pouvait faire du mal à l'autre ou des reproches malveillants car les deux recevaient de Dieu directement dans leur cœur le savoir-être, le savoir-vivre et le savoir-faire. Ils vivaient en Dieu et Dieu en eux. Ils étaient revêtus de la gloire de Dieu et puisaient directement leur vie dans la source éternelle et jaillissante de Dieu. Etant en présence de Dieu, ils ne pouvaient ni tomber malade, ni vieillir ni mourir. C'était la félicité céleste sur terre, la béatitude absolue. Ce mode de vie était l'expression de l'amour de Dieu envers les hommes, la preuve illimitée de sa bonté et de sa grâce, un Dieu si grand et si élevé qui accepte de vivre avec des êtres inférieurs. Etant faite à l'image et à la ressemblance de Dieu, les êtres humains ne pouvaient vivre que dans la maison de Dieu. Hors de Dieu, c'est le désordre, le chaos, le désert et la mort. Dans Proverbe 8 :36 il est écrit : « *Mais celui qui pèche contre moi nuit à son âme ; tous ceux qui me haïssent aiment la mort* ».Sortir d'Eden était la mort assurée, car la vraie vie et la vraie bénédiction n'étaient qu'en Eden.

L'arbre de vie dans le Jardin

C'est arbre de vie n'était autre que Dieu lui-même, car aucune autre chose ne peut contenir ou donner la vie si ce n'est Dieu lui-même. La Bible déclare dans 1 Jean 5 : 12 : « *Celui qui a le Fils a la vie ; celui qui n'a pas le Fils de Dieu n'a pas la vie* ». La vie est une personne : Jésus-Christ, le Dieu créateur et nous l'obtenons en étant en contact directe avec lui. Loin de Dieu c'est la mort et prêt de lui c'est la vie. D'ailleurs, que ce soit dans la Genèse comme ailleurs, l'arbre de vie est représenté comme une image, comme un symbole. Dans Proverbe 3 :16-18 il est écrit : « ***Dans sa droite est une longue vie*** *; dans sa gauche, la richesse et la gloire. Ses voies sont des voies agréables, et tous ses sentiers sont paisibles.* ***Elle est un arbre de vie pour ceux qui la saisissent, et ceux qui la possèdent sont heureux*** ». Or, la Bible dit que c'est Jésus-Christ qui est assis à la droite de Dieu (Matthieu 26 : 64 ; Marc 14 :62 ; Luc 22 : 69 ; Colossiens 3 : 1 ; Hébreux 1 :3 ; 8 :1 ; 12 :2) et c'est lui la vie éternelle qui nous vient de Dieu. Dans Eden, l'arbre de vie représentait Dieu lui-même et la vie qu'il communiquait au couple qui jouissait de sa grâce et de sa présence. Dans Eden, l'homme pouvait manger selon l'ordre de Dieu du Genèse 2 : 16, tous les arbres du jardin ; y compris l'arbre de vie. Cela montre la faveur de Dieu envers les hommes en leur procurant gratuitement la vie éternelle si et seulement si l'homme ne mangeât pas du fruit l'arbre de la connaissance du bien et du mal (Genèse 2 : 17). Autrement, tant que le couple demeurait dans l'obéissance et la soumission parfaite à la volonté de Dieu, il continuait à demeurer dans le palais de Dieu et à bénéficier de la vie éternelle qui lui vient de la présence de Dieu. L'obéissance et la soumission à la volonté de Dieu produisaient le fruit de la sanctification qui à son tour produisait le fruit de la vie éternelle. Tout était lié et conditionné. Dans Proverbe 11 :30 la Bible déclare : « *le fruit du juste est un arbre de vie…* ». L'arbre dans la Bible a toujours été un élément comparatif à l'homme (Job 19 : 10 ; 24 : 20 ; Psaumes 1 :3 ; 37 :35 ; Jérémie 17 :8 ; Marc 8 :24) et dans le jardin d'Eden, l'arbre de vie représente Dieu lui-même qui donne la vie à qui il veut. Actes 17 : 28 déclare : « *Car en lui nous avons la vie, le mouvement et l'être…* ». L'arbre de la connaissance du bien et du mal est aussi une image. Elle représente la désignation personnelle et autonome de ce qui est bien et de ce qui est mal. Manger le fruit de cet arbre voulait dire revendiquer l'indépendance ; le refus total de l'autorité de Dieu. Mais le pire dans ce choix est que loin de Dieu, et absence de vie. Bien que l'homme ne soit pas fait pour vivre loin de Dieu, l'Éternel ne veut rien lui obliger, d'où Il le laisse faire son propre choix de ce qui est juste à ses yeux.

Les deux arbres (celui de la vie et celui de la connaissance du bien et du mal) représentaient deux chemins : la soumission volontaire à Dieu et la désobéissance volontaire. Deutéronome 30 :19-20 Dieu dit : « *J'en prends aujourd'hui à témoin contre vous le ciel et la terre : **j'ai mis devant toi la vie et la mort, la bénédiction et la malédiction. Choisis la vie**, afin que tu vives, toi et ta postérité, pour aimer l'Éternel, ton Dieu, pour obéir à sa voix, et pour t'attacher à lui : **car de cela dépendent ta vie et la prolongation de tes jours**, et **c'est ainsi que tu pourras demeurer dans le pays** que l'Éternel a juré de donner à tes pères, Abraham, Isaac et Jacob* ». En lisant ce texte de prêt, l'on se rend compte que l'unique chose qui a changé ici, c'est le contexte mais le fond est totalement exact que ce qui s'est passé en Eden. Comme devant Israël, le couple primitif avait également deux chemins devant lui et n'avait qu'à faire son choix : Dieu ou le monde avec Satan. Cependant, ils devaient se rendre à l'évidence que leur vie ainsi que la prolongation éternelle de leurs jours dépendaient du choix d'attachement à Dieu. Demeurer dans ce jardin d'Eden qui est le sanctuaire de Dieu, dépendait également de leur obéissance et de leur soumission. En disant à Israël choisis la vie, en d'autres termes, choisis moi l'Éternel, ton Dieu qui donne la vie ; dans le langage édénique l'on dirait au couple : choisis l'arbre de vie, demeure en Eden pour que tu continues à vivre.

Dans l'Ancien Testament, le substantif Eden fait référence à la bénédiction et à la grâce de Dieu. Lorsque les prophètes voulaient expliciter d'une manière limpide la bénédiction à venir, ils faisaient références à Eden. C'était le signe de l'espoir et de la prospérité. Eden est l'endroit de réjouissance et d'allégresse par excellence. Esaïe 51 :3 : « *Ainsi l'Éternel a pitié de Sion, Il a pitié de toutes ses ruines ; Il rendra son désert semblable à un Eden, et sa terre aride à un jardin de l'Éternel. La joie et l'allégresse se trouveront au milieu d'elle, les actions de grâces et le chant des cantiques* ». Eden était l'endroit d'allégresse, de l'absence totale du mal et de la souffrance, de la misère et de la sècheresse. Un monde paradisiaque et extraordinaire, un environnement magnifique et unique. Une ville de rêve où tout homme aimerait habiter. Ezéchiel 36 :35 : « *Cette terre dévastée est devenue comme un jardin d'Eden ; et ces villes ruinées, désertes et abattues, sont fortifiées et habitées* ». Comme tout couple après s'être uni, trouve un local d'habitation d'ensemble, Eden est le demeure-sanctuaire que l'Éternel donna au proto-couple pour leur habitation.

Mission du proto-couple

Le couple primitif connaissait la raison de leur création, de leur union conjugale, bref ; de leur présence en Eden : l'objectif était celui d'adorer Dieu tout en cultivant le jardin d'Eden. Genèse 2 : 15 : « *l'Éternel Dieu prit l'homme et le plaça dans le jardin d'Eden pour le cultiver et pour le garder* ». L'homme ne devait pas cultiver la terre mais plutôt et uniquement le jardin d'Eden, Dieu était très précis : tu cultiveras et tu garderas le jardin. Cultiver et garder le jardin signifiaient en d'autres termes : *Conserver, protéger et porter la sainteté du sanctuaire de Dieu.* Le verbe traduit en français par « *garder* » dans ce texte de Genèse 2 :15 est « *Samar* » en hébreu. C'est le même verbe qui est employé dans Genèse 3 :24 : « *C'est ainsi qu'il chassa Adam ; et il mit à l'orient du jardin d'Eden les chérubins qui agitent une épée flamboyante, pour* **garder le chemin de l'arbre de vie** ». Or, la Bible personnifie le chemin qui amène à la vie. Jean 14 : 6 : « *Jésus lui dit : Je suis le chemin, la vérité et la vie. Nul ne vient au Père que par moi* ». Les chérubins gardent ce chemin de la vie. Nous savons que les chérubins ne sont pas des anges mais ils sont les plus élevés des êtres créés qui gardent spécifiquement « *le trône et la sainteté de l'Éternel* », prêts à frapper les profanateurs. Nous le verrons plus tard orné le tabernacle mobile dans le désert, puis le Temple d'Israël mais surtout l'arche de l'alliance. Au-dessus de l'arche de l'alliance située dans le lieu très saint du tabernacle, se trouvait deux chérubins aux ailes déployés, sculptés en bois, et plaqués d'or battu, ils couvraient le propitiatoire. Leurs visages étaient penchés, comme dans la surveillance et l'admiration, vers le sang dont il avait été fait aspersion (lévitique 16). Dans le tabernacle, l'Éternel siège au milieu d'eux (1 Samuel 4 :4 ; 2 Rois 19 :15 ; Psaumes 80 :2 ; 99 :1) ; il réside entre les chérubins (2 Samuel 6 :2) et ces êtres supérieurs participent à la gloire et à la sainteté de Dieu. Ils couvrent l'Éternel (Nombres 7 :89).

Cependant, avant que l'Éternel ne mette des chérubins pour garder son sanctuaire terrestre, ce sont les êtres humains en la personne d'Adam et Eve ou encore le proto-couple qui avaient cette mission ; qui jouaient ce rôle de gardien du trône de Dieu et de sa sainteté. Qui veillaient sur le chemin qui conduit à l'arbre de vie. Sous la vigilance de l'homme, aucune souillure, aucune iniquité, aucun blasphème ou quelques autres formes de péché que ce soit ne devait pénétrer dans le Temple de Dieu. Adam et Eve en avaient la responsabilité. Aucune légèreté à cette tâche ne pouvait être admise, en aucun cas. Le couple saint devait assurer à la perfection leur mission et leur devoir. L'homme et la femme devaient en tout temps sanctifier le Temple de Dieu et se préserver eux-mêmes purs. Le verbe « *Samar* » « *garder* » est aussi employé en Néhémie 13 :22 où il évoque également la notion de la sanctification du Temple de Dieu : « *J'ordonnai aussi aux lévites de se purifier et **de venir garder les portes** pour sanctifier le jour du sabbat…* ». De même dans Zacharie 3 :7 : « *Ainsi parle l'Éternel des armées : Si tu marches dans mes voies et si tu observes mes ordres, tu jugeras ma maison et **tu garderas mes parvis**, et je te donnerai libre accès parmi ceux-ci* ». Le couple primitif avait libre accès dans la cour du Roi des rois pour garder les parvis de son sanctuaire. Comme les chérubins sont la race spéciale des êtres élevés qui portent la gloire de Dieu, le couple humain en portait sur terre puisqu'ils sont les seuls êtres vivants à porter l'image et la ressemblance de Dieu. Dans 1 Corinthiens 3 :16-17 : « *Ne savez-vous pas que vous êtes le temple de Dieu, et que l'Esprit de Dieu habite en vous ? Si quelqu'un détruit le temple de Dieu, Dieu le détruira ; car le temple de Dieu est saint, et c'est ce que vous êtes* ». Le couple humain devait demeurer saint puisqu'ils étaient revêtus de la gloire de Dieu.

Le proto-couple devait marcher dans les voies de l'Éternel leur Dieu qui sont les voies de la sanctification, de l'amour, de la justice, de l'intégrité, de la loyauté, de la miséricorde, de la simplicité et de la sainteté. Ce couple devait travailler mais pour Dieu d'abord. Ils devaient d'abord satisfaire le besoin de Dieu et non les leurs. Lorsqu'un couple ne connait pas ces choses et ne les met pas en pratique, il est malheureux quel que soit son niveau et sa mode de vie. Adam et Eve ne devaient pas abandonner le jardin et aller faire autre chose mais au contraire, ils devaient rester fidèles à la mission et à l'objectif de leur union. Autrement, ils perdent de sens leur vie de couple et vivent inutilement. Ils devaient rester devant « (orient : la lumière) », Dieu, la source de la lumière éblouissante qui éclaire leur vie commune et leur procure le bien-être et la vie éternelle ; tout en préservant et conservant la sanctification et la sainteté de la demeure du Dieu Tout-puissant.

Sans Dieu, aucun couple n'a sa raison d'être et en dehors de sa présence, de sa lumière, quel que soit le coup de foudre et le genre de vie que l'on peut mener, nous marcherions dans les ténèbres. Toute relation ou projet de vie commune de l'homme et de la femme a pour objectif selon la Genèse de glorifier de Dieu et de se mettre à son service. Autrement, l'on vit utilement. Un jour nous devrions rendre compte à Dieu sur les motifs de nos relations et selon la manière dont nous l'avons conduit sur terre. Si votre couple n'honore pas Dieu, cherchez à vous réconcilier avec lui avant que ce ne soit trop tard. S'il faut que vous puissiez vous marier, alors sachiez que cela doit être selon Dieu et pour son unique gloire. C'est lui qui doit être au centre et diriger votre couple à la lumière de sa parole et vous devez conserver la sainteté de la maison de Dieu.

L'homme est l'image de Dieu et sa ressemblance selon Genèse 1 :26. Le mot « image » en français, est « *tsèlem* » en hébreu qui désigne parailleurs les idoles comme les représentants des faux dieux du paganisme (Nombres 33 :52 ; 2 Rois 11 :18 ; Ezéchiel 7 :20). Mais à la différence des autres idoles qui ne peuvent rien faire, l'image de Dieu (l'homme) peut tout faire. Il est le représentant de Dieu doté des capacités et facultés extraordinaires. Il peut parler et marcher par lui-même. Dieu l'a placé dans le jardin d'Eden, son sanctuaire pour le représenter tout comme les païens placent les statuts de leurs divinités dans leur sanctuaire. L'Éternel Dieu l'interdit de faire toutes sortes d'images taillées pour le représenter, car l'homme lui-même est son image. L'apôtre Jean a écrit : « … *car celui qui n'aime pas son frère qu'il voit, comment peut-il aimer Dieu qu'il ne voit pas ?* » (1 Jean 4 :20). De même que Dieu est saint, l'homme devait l'être également, et protéger cet état de sainteté. A cet effet, il l'emploie comme co-ouvrier pour garder son sanctuaire.

L'homme et la femme égaux

L'homme et la femme représentants de Dieu sur terre. Dans le jardin d'Eden, l'homme et la femme étaient tous deux des êtres humains créés à l'image et la ressemblance de Dieu. L'un n'était pas plus important que l'autre et personne ne devait dominer sur l'autre mais les deux devaient dominer sur les poissons de la mer, sur les oiseaux du ciel, sur les bétails, sur toute la terre et sur tous les reptiles qui rampent sur la terre. Pourquoi les deux ? Parce que : l'Éternel Dieu les créa (les deux), Il les bénit (les deux) et Il leur dit (aux deux). Genèse 1 :27 -29 : « *Dieu créa l'homme à son image, il le créa à l'image de Dieu,* **il créa l'homme et la femme.** *V. 28 : Dieu* **les bénit***, et Dieu* **leur dit** *:… V.29 : Et Dieu dit : Voici ? Je* **vous** *donne toute l'herbe…* ». L'apôtre écrit dans 1 Corinthiens 11 :11 : « *Toutefois dans le Seigneur, la femme n'est point sans l'homme, ni l'homme sans la femme* ». Les deux sont créatures de Dieu, en occurrence égaux.

Ontologiquement parlant, l'homme et la femme sont égaux devant Dieu. En tant qu'êtres créés ; l'un n'est pas plus important que l'autre, les deux sont créatures de Dieu chacun selon sa nature. Bien que chacun joue un rôle différent de l'autre mais du point de vue de l'essence, les deux sont pareils, l'un n'est pas plus grand ou n'a plus de valeur que l'autre. Dans une famille, tous les enfants ont le même droit, la même valeur et la même importance du point de vue légal mais chacun a sa particularité, sa personnalité et son caractère. Même les taches diffèrent par rapport au sexe, à l'âge et au niveau d'instruction mais tous sont enfants.

La Bible hébraïque emploi les mêmes nombres des caractères pour décrire la création de l'homme et celle de la femme. Pour la création de l'homme, la Bible utilise 16 caractères, pour celle de la femme, c'est idem. Personne n'a plus des caractères que l'autre. Dans le couple édénique, il n'y a pas de hiérarchie dans le sens péjoratif du terme. Personne n'est supérieur ou inférieur à l'autre. L'idée selon laquelle la femme serait inférieure à l'homme est typiquement diabolique dans le but d'écraser la femme, de la maltraiter et de lui imposer une autorité despotique. Celui qui en est à l'origine c'est le diable parce qu'il savait que la femme représente une menace pour son règne, l'Éternel l'avait dit : « … *la postérité de la femme t'écrasera la tête…* » (Genèse 3 :15). Au cours des siècles, l'intention du diable a toujours été celle de marginaliser la femme de toutes les manières que ces soient pour tant c'est par elle qu'il a pu usurper l'autorité de l'homme. Apocalypse 12 :13-17 « *Quand le dragon vit qu'il avait été précipité sur la terre, il poursuivit la femme qui avait enfanté l'enfant mâle. Et les deux ailes du grand aigle furent données à la femme, afin qu'elle s'envolât au désert, vers son lieu, où elle est nourrie un temps, des temps, et la moitié d'un temps, loin de la face du serpent. Et, de sa bouche, le serpent lança de l'eau comme un fleuve derrière la femme, afin de l'entraîner par le fleuve. Et la terre secourut la femme, et la terre ouvrit sa bouche et engloutit le fleuve que le dragon avait lancé de sa bouche. Et le dragon fut irrité contre la femme, et il s'en alla faire la guerre aux restes de sa postérité, à ceux qui gardent les commandements de Dieu et qui ont le témoignage de Jésus* ».

Le régime du mariage

En créant un seul homme et une seule femme, l'Éternel Dieu donna par-là le modèle du régime du mariage : la monogamie exclusive. Le mariage est strictement monogamique. C'est le même principe que l'apôtre Paul évoque dans 1 Corinthiens 7 : 2. Tous les autres formes de régime conjugal en dehors de la monogamie, viennent des hommes et de Satan, et non de Dieu. C'est pourquoi le Seigneur Jésus-Christ en répondant aux pharisiens a fait recours au commencement : « *Il répondit : N'avez-vous pas lu que le créateur, **au commencement**, fit l'homme et la femme* » (Matthieu 19 :4). C'est au commencement qu'YHWH instituant le mariage, posa son fondement ainsi que ses principes. C'est l'unique type de régime matrimonial que tous les hommes devaient adopter.

L'hétérosexualité

YHWH n'a pas créé deux sexes de même genre (masculin, masculin ou féminin, féminin) mais deux sexes de genre opposé : masculin et féminin. L'homosexualité est une déviation diabolique et contre nature. C'est un dérèglement des mœurs et de la morale. C'est une injure aux yeux d'YHWH et l'une des choses qui excitent sa colère.

L'homme est créé libre bien sûr mais cette liberté n'est liberté qu'en mesure où il se soumet à la volonté de son créateur. Ce n'est pas à nous de fixer les règles mais plutôt c'est à nous de nous soumettre à l'autorité de Dieu (Romains 1 :18-31). Le mariage est une union sacrée, une alliance indissoluble et non un léger contrat momentané et selon les fantasmes des hommes. Le simple fait que l'Éternel Dieu ne crée qu'une seule femme (Eve) et un seul homme (Adam) fait du mariage une alliance divine irrévocable et éternelle. L'annulation du mariage, le divorce et toutes les autres formes que ce soient de séparation conjugale est un péché aux yeux de l'Éternel. C'est dans cette perspective que le Seigneur reprochait d'un ton sévère et rigoureux ceux de son peuple qui minimisaient la sacralité du mariage. Malachie 2 :14 « *Et vous dites : Pourquoi ?... Parce que l'Éternel a été témoin entre toi et la femme de ta jeunesse, à laquelle tu es infidèle, bien qu'elle soit ta compagne et la femme de ton alliance* ». Matthieu 19 :6 « *Ainsi ils ne sont plus deux mais ils sont une seule chair. Que l'homme donc ne sépare pas ce que Dieu a joint* ». Cet avertissement ne concerne pas simplement les externes mais aussi et surtout les internes, les concernés : les mariés. 1Corinthiens 7 :10-11 « *A ceux qui sont mariés, j'ordonne, non pas moi, mais le Seigneur, que la femme ne se sépare point de son mari (si elle est séparée, qu'elle demeure sans se marier ou qu'elle se réconcilie avec son mari, et que le mari ne répudie point sa femme* ».

Autorité, domination et responsabilité dans le couple

Après la chute et au fil du temps, tellement détérioré par la nature pécheresse, l'homme a perdu le bon sens et la bonne gestion de l'autorité ainsi que de la domination que son créateur lui avait accordés sur la terre. Le verbe hébreu « *râdah* » (Genèse 1 :26) traduit en français par « *dominer*», est, dans son sens primitif, emprunter du domaine de l'élevage ou du métier du berger ; il peut être rendu en d'autres termes par : *marcher autour* et non marcher sur ; *accompagner* ; *garder* (le troupeau) ; *guider* ; *conduire* ; *paître* ; *prendre soin*. Dans ce sens, l'homme devait « garder ; guider ; conduire ; prendre soin … » de la terre selon son créateur et comme son créateur, c'est-à-dire, avec amour, patience, bonté justice et tendresse….

Les deux (Adam et Eve) devaient dominer sur la terre : la paître comme un berger veille sur ses brebis et la protéger des éventuelles menaces. L'homme et la femme parce que les deux ont été faits à l'image de Dieu (Genèse 1 :27). Et pour couronner le tout afin d'expliciter que les deux devaient veiller sur la terre, l'Éternel les bénit ensemble. Il ne bénit pas seulement Adam comme si cette énorme responsabilité ne revenait qu'à lui seul. Dieu bénit aussi la femme parce qu'elle était l'aide susceptible d'apporter sa pierre à l'édifice du Jardin d'Eden. La Bible dit au verset 28 : « *Dieu les bénit, et Dieu leur dit : Soyez féconds, multipliez, remplissez la terre, et l'assujettissez ; et dominez sur les poissons de la mer, sur les oiseaux du ciel, et sur tout animal qui se meut sur la terre* ».

Cependant, dans les couples vivant loin de la présence de Dieu, l'homme ne domine plus dans le sens de Dieu mais plutôt il terrorise et brutalise sa partenaire, sa conjointe et sa compagne. Au lieu de garder avec amour, de protéger avec simplicité et humilité, il dirige avec toute la dictature possible. Il détruit, blesse, oblige, frappe et tyrannise l'autre, alors que l'autre est son semblable. L'homme détruit également la nature par sa science, ses recherches, sa technologie, ses expériences, ses armes… L'ennemi Satan a semé la haine entre l'homme et la femme, ceux qui devaient être un, deviennent deux opposants radicaux. Chacun cherche à tirer profit du mieux qu'il peut de l'autre. C'est ce qui se passe lorsque dans une relation, le couple ou l'un de conjoints n'est pas né de nouveau.

Fonctions et rôle de chacun

L'Éternel est le Dieu de justice et des principes. Il a fondé ses principes dans l'équité et la droiture. Bien que l'homme et la femme aient la même valeur et la même importance en tant que créature créée à l'image de Dieu et poursuivent le même objectif, du même Maître. Cependant, ils n'ont pas reçu la même fonction. Dès la création avant l'instauration de la loi par Moïse, l'Éternel appliqua la loi de la primogéniture : c'est l'ainé qui porte la responsabilité, qui dirige, qui hérite, bref c'est l'ainé qui a la prééminence. L'homme était à la tête du couple tout simplement parce qu'il est créé avant la femme. En tant que premier de la race humaine, Dieu lui donna un rôle quelque peu différent de celui de la femme dans ce sens que le dernier mot lui revenait parce que c'est lui qui avait reçu les consignes en premier. C'était à lui de conduire l'équipe (le couple), de la préserver des éventuels dangers, de la sécuriser. Il faisait office de guide, de capitaine chargé de rendre compte à Dieu.

Avant la chute, l'accent était beaucoup plus mis sur le côté spirituel que charnel de l'homme. C'était beaucoup plus les attributs divins qui étaient soulignés dans l'homme. Le fait d'être premier, Dieu l'appela « *Homme* » : Être vivant remplis de l'Esprit de Dieu. Le représentant de Dieu sur terre, son image, le modèle, l'ambassadeur de Dieu rempli de sa connaissance. L'homme était le plénipotentiaire de Dieu sur terre, le surveillant général. Du grec « *anthropos* » et du latin « *Homo* » : Celui qui est doué de bon sens (Esaïe 46 :8) ; un éclairé de la lumière divine et de la vérité. Celui qui montre l'exemple, l'excellent. Celui qui a la capacité du bon jugement, de montrer le chemin et de conduire les autres.

Dans la perspective biblique, l'homme non seulement celui qui a un sexe masculin, une poitrine plate et de la barbe… mais aussi et surtout celui en qui Dieu a mis son Esprit, à donner sa connaissance pour marcher dans la voie de l'Éternel. Celui qui a quelque chose de Dieu en lui pouvant le rendre acceptable devant de Dieu et capable d'honorer le nom de l'Éternel. Celui qui garde la parole de Dieu et qui peut guider dans le bon chemin, dans la bonne direction.

L'Éternel Dieu n'avait pas soufflé sur les narines de la femme pour qu'elle devienne une âme vivante. Non ! Tout simplement parce que la côte qu'il venait de retirer de l'homme était vivante, elle avait déjà le sang ; l'eau… et toutes les cellules étaient en place, d'où, point n'était besoin de souffler pour donner la vie, mais plutôt de développer celle qui existe déjà. Par contre, la poussière n'avait pas de vie en elle, c'est pourquoi, l'Éternel a soufflé dessus afin de lui communiquer l'esprit pour que l'homme devienne une âme vivante. Ici, le fait de souffler dans les narines de l'homme ne veut pas dire que ce dernier soit plus spécial que la femme mais indique simplement les différentes modes opératoires de Dieu : Qu'Il peut, s'Il le veut créer à partir du néant (poussière) ou faire sortir quelque chose de grand et de magnifique à partir d'une très petite, infime et de peu d'importance (côte).

Par rapport à son rang, le premier de l'espèce humaine (l'homme) recevait la responsabilité de montrer la direction aux autres puisqu'il était le premier à recevoir l'instruction de la part de Dieu, à marcher avec Dieu, à parler avec Dieu… Comme Dieu est Chef dans les cieux, l'homme l'était sur la terre. C'est une grâce que l'homme trouve aux yeux de Dieu, ce n'est pas un mérite puisque si Dieu le voulait, Il pouvait créer la femme avant l'homme.

Besoin d'une aide

Seul Dieu n'a pas besoin d'aide mais toutes les autres créatures sont interdépendantes. Il est écrit dans Ecclésiaste 4 :9 : « *Deux valent mieux qu'un, parce qu'ils retirent un bon salaire de leur travail* ». L'Éternel a donné la femme à l'homme pour plusieurs raisons mais la plus importante d'entre elles, était d'abord la question de plus « d'efficacité dans le travail ou dans la responsabilité confiée». A peine au verset 15 de Genèse 2 où l'Éternel place l'homme dans le Jardin d'Eden pour le cultiver et pour le garder, et avant que l'homme ne ressente le besoin d'une aide semblable à lui (v. 20), l'Eternel prononce déjà son verdict au verset 18 : « … *Il n'est pas bon que l'homme soit seul ; je lui ferai une aide semblable à lui* ». La femme a été créée dans le but de contribuer dans la bonne gestion du jardin de Dieu, elle devait assister l'homme, lui porter main forte afin qu'ensemble la tache soit moins difficile. Les deux devaient désormais veiller à ce que la mission qu'ils ont reçu soit bien accomplie. Ils devaient travailler pour les intérêts de Dieu et selon Dieu et non pour eux-mêmes.

L'on ne se marie pas pour soi mais pour le Seigneur, l'on cherche à être plus efficace dans le ministère ainsi qu'à la mission que le Seigneur nous a confiée. Tout était et devait être pour la gloire de Dieu. L'existence de l'homme et de la femme étaient liée à leur raison d'être qui est celle de travailler pour Dieu et selon Dieu. Aujourd'hui, bon nombre des couples travaillent et vivent pour eux-mêmes. Généralement nous nous laissons conduire par nos passions égoïstes et profanes. L'homme n'a eu besoin de la femme que lorsqu'il s'était rendu qu'il avait compte qu'il avait besoin d'une aide semblable à lui pour l'aider à la tâche. C'est le poids de la responsabilité et le souci de bien faire qui lui a poussé de chercher une aide. Au lieu que cela soit de même notre première motivation mais c'est trop souvent l'envie de satisfaire nos passions sexuelles, prouver aux hommes que j'ai une femme ou un mari, avoir des enfants sinon c'est le divorce, pourtant les enfants ne constituent pas la raison d'être du mariage mais plutôt ses fruits. Bon nombre ne viennent plus en mariage d'abord pour servir Dieu d'une manière plus efficace avec l'aide de l'autre, mais très souvent l'on se marie pour soi-même. L'on se place au centre de tout en oubliant le but premier de l'union conjugale.

En parlant de la femme pour la première fois, l'Éternel l'a qualifiée d' « aide » (Genèse 2 :18). Le mot traduit par « aide » en français, est « *Ezer* » en hébreu. Ce mot a 20 occurrences dans l'Ancien Testament.16 fois il désigne la « *supériorité* » et 03 fois un « *puissant allié militaire* ». Ce mot souvent traduit par : secours (Exode 18 :4 ; 2 Rois 14 : 26 ; Psaumes 107 :12…), désigne la puissance de Dieu et sa capacité à secourir, à délivrer et à relever quelqu'un. Il est souvent employé dans les interventions divines ou lorsqu'un puissant allié militaire vient au secours d'un faible ou un suzerain vient au secours du vassal. « Ezer » ne se révèle pas comme un subordonné mais plutôt comme un plus grand, un plus fort que soi, comme un supérieur, un puissant, un libérateur et un appui.

En créant la femme en deuxième position, Dieu voulait comme pour ainsi indiquer à cette dernière qu'elle devait respecter son ainé (l'homme), lui être soumise en toute chose parce que c'est lui qui a reçu la grâce d'être le premier, de diriger, de conduire le couple selon Dieu. Mais, en l'appelant « *Ezer* » (secours), se traduisait pour l'homme : tu as besoin d'elle dans la gestion de mes affaires si tu veux réussir ; avec elle, la tâche sera moins lourde.

L'Éternel en faisant l'homme en premier, l'avait tout rendu incapable de tout faire seul. Ce qui signifiait pour la femme : « secours-le ». La femme est en fait le moteur, car elle a ce que l'homme n'a pas, c'est-à-dire : « *Ezer* » : la puissance, la capacité d'aider, d'influencer, de faire avancer, d'encourager, de motiver, de relever, de faire sortir du trou et de faire céder soit par sa parole, son attitude ou par son apparence. La femme est faible de corps mais forte d'esprit. Elle est une puissance capable d'abaisser et de relever. D'ailleurs, c'est à cause du pouvoir de la femme à faire céder qu'Adam a mangé le fruit du l'arbre interdit sans contestation (Genèse 3 :6). En sus, malgré qu'Ismaël fût le fils d'Abraham, il fut chassé avec sa mère Agar sur demande de Sara. Et lorsqu'Abraham a voulu résister, Dieu lui a demandé d'écouter sa femme (Genèse 21 :9-14). Plus loin, Samson tomba à cause d'une femme (Juges 16 :17-21) ; et c'est grâce à la reine Esther que les Juifs ont échappé la mort (Esther 7 :3-10). Sans oublier le roi Salomon et le roi Achab qui tombèrent plus bas à cause de la femme (1 Rois 11 :1-5 ; 16 :30 ; 19 :2). Il y a tellement des exemples typiques de l'influence ou du pouvoir de la femme dans la Parole de Dieu et même dans le monde actuel.

De même, l'homme a ce que la femme n'a pas : l'intelligence, parce que l'homme signifie « *sensé* » ; « *doué de bon sens* » ; « *éclairé* ». D'où, si l'homme avec son intelligence spirituelle est celui qui doit être devant pour indiquer le chemin, la voie à suivre ; la femme avec sa puissance spirituelle, produit l'énergie et la force nécessaire pour y arriver. Les deux sont un, comme un véhicule. Seulement, l'homme représente le volant, les pneus, la mémoire… et la femme représente le moteur qui produit la puissance susceptible de déplacer ce véhicule.

CHAPITRE 3

« PEUT-ON PARLER DUDIVORCE EN EDEN ? »

L'homme et la femme sont deux associés, deux partenaires dans l'accomplissement de la mission. Ils constituent deux éléments ou deux ouvriers indispensables dans l'œuvre de Dieu. Ils sont associés et celui qui est à l'origine de cette association c'est Dieu lui-même et lui seul : leur créateur. Le propriétaire du Jardin d'Eden. Ceci dit, puisque c'est le propriétaire lui-même qui les a unis, personne n'a le droit de divorcer, de rompre cette union et de quitter ou de chasser l'autre. En tant que créature, entre Adam et Eve, personne ne pouvait chasser l'autre du jardin, puisque ce n'était ni le jardin d'Adam ni celui d'Eve mais celui de Dieu.

En réalité dans le mariage, personne ne peut divorcer de l'autre puisque c'est Dieu qui en est l'auteur, qui unit le couple et le met à son service pour sa gloire. Même si dans certaines cultures, l'homme ou la femme verse la dot auprès de ses beaux-parents pour les honorer afin de prendre leur fille ou fils, en réalité ils ne peuvent plus se séparer puisque c'est Dieu et non les hommes qui ont institué le mariage. Aucune autorité humaine n'a le droit ou le pouvoir d'annuler ou de séparer ce que Dieu a joint.

Dieu s'attend au respect de l'engagement

Une fois qu'un homme s'est engagé envers une femme et cette dernière envers ce dernier, Dieu s'attend à ce que chacun honore **jusqu'au bout son engagement**. La racine même du mot fiançailles est l'engagement. La parole donnée est sacrée aux yeux de Dieu, elle est irrévocable. Le Seigneur Jésus a dit dans Matthieu 12 :36 : « *Je vous le dis : au jour du jugement, les hommes rendront compte de toute parole vaine qu'ils auront proférée* ». Dieu nous demandera des comptes à propos de toutes les fausses promesses et des faux engagements dont nous avons faits professions les uns envers les autres. Les paroles par lesquelles nous avons séduit les autres en leur faisant perdre leur temps utilement, alors qu'ils ou qu'elles nous avaient fait confiance. Très souvent nous employons avec légèreté des mots et des paroles très sérieuses et lourdes de signification, mais en réalité nous ne les prenons pas réellement en compte dans notre cœur. Nous le faisons soit pour atteindre nos objectifs égoïstes soit pour donner bonne impression, et très vite nous les oublions et les négligeons. L'engagement, les vœux et les promesses dans le mariage sont sacrés, ils sont à tenir jusqu'au bout de la vie, à moins que ce soit un couple mélange : fidèle et infidèle car la Bible dit : « *Si le non-croyant se sépare, qu'il se sépare ; le frère ou la sœur ne sont pas liés dans ces cas-là. Dieu nous a appelés à vivre en paix* » (1 Corinthiens 7 :15).

Dans Proverbes 20 :25 il est écrit : « *C'est un piège pour l'homme que de prendre à la légère un engagement sacré, et de ne réfléchir qu'après avoir fait un vœu* ». Nous utilisons très souvent des expressions comme : « *je t'aime ; je t'aimerai toujours ; j'ai besoin de toi ; que ferai-je sans toi…* ». Tandis qu'aux yeux de Dieu « aimer » a un sens très profond, mais aussi très significatif. Pour Dieu dire à quelqu'un : « *je t'aime* », cela équivaut à dire : peu importe ce qui peut arriver, je serai avec toi et je ne me séparerai jamais de toi puisque je t'aime. L'apôtre Paul écrivant aux Éphésiens au chapitre 5, verset 32 leur dit, je cite : « *Ce mystère est grand ; je dis cela par rapport à Christ et à l'Église* ».D'abord, l'apôtre nous révèle que l'union conjugale est un « *mystère* », quelque chose qui dépasse l'entendement humain. La raison est bonne mais elle ne peut pas saisir toute la profondeur du mariage. En dehors de cela, l'apôtre donne une possibilité de compréhension : « *je dis cela par rapport à Christ et à l'Église* ». Christ est l'unique personne à démontrer le vrai amour par sa venue sur terre, par sa vie, par ses enseignements, par ses actes, par sa crucifixion, par sa mort, et par sa résurrection. Il a fait tout cela pour une épouse (Église) infidèle, pécheresse. Une épouse qui ne méritait pas en réalité ce genre d'amour et ce genre d'engagement. Malgré les mauvais comportements de son épouse, ses faiblesses et ses offenses, ses défauts, Christ l'a toujours supportée et soutenue, il l'a toujours aimée. Il a toujours été patient envers elle, quel cœur !!! Jamais Christ n'a dit trop c'est trop je divorce, jamais. Dans Romains 5 :8 il est dit : « *Dieu prouve son amour envers nous, en ce que lorsque nous étions encore des pécheurs, Christ est mort pour nous* ». Il n'a pas attendu que nous devenions bon, mais il est venu vers nous, il nous a aimés et continue à nous aimer malgré nos péchés et nos faiblesses. Aimer quelqu'un, c'est en quelque sorte s'engager envers lui, pour lui, malgré ses faiblesses et ses défauts. C'est aussi s'oublier soi-même puisque l'amour se base sur l'engagement de soi et non sur celui de l'autre. Même si votre partenaire ne mérite pas votre amour, vous, faites-le pour Dieu qui vous demande d'être fidèle, de respecter et d'honorer votre engagement. Il est écrit dans Proverbes 20 :28 : « *La bonté et la fidélité gardent le roi, et il soutient son trône par la bonté* ». Si vous êtes fidèle à votre engagement, vous honorez Dieu d'abord et non votre partenaire. Et, puisque vous craignez Dieu, Dieu lui-même saura vous récompenser et saura aussi rétribuer l'infidèle. Laissez le jugement à Dieu, laissez la rétribution au Seigneur, mais vous, faites ce que vous connaissez être juste devant Dieu et aller jusqu'au bout. Dieu vous dira un jour : bon et fidèle serviteur, entre dans la joie de ton Maître.

De nos jours, l'on divorce même pour les moindres choses. L'on est prêt à répudier son conjoint ou sa conjointe pour des raisons parfois et très souvent qui ne tiennent pas et ne cadrent pas d'avec la parole de Dieu. Il est vrai qu'il y a parfois dans le couple ou certains couples chrétiens des sérieux et graves problèmes souvent dont mal gérés, cela peut causer des très graves dommages. Mais en tant qu'enfant de Dieu, la parole de Dieu nous dit dans 1 Corinthiens 10 :13 : « *Aucune tentation ne vous est survenue qui n'ait été humaine et Dieu, qui est fidèle, ne permettra pas que vous soyez tentés au-delà de vos forces ; mais avec la tentation il préparera aussi le moyen d'en sortir, afin que vous puissiez la supporter* ». La question c'est de toujours demander au Seigneur la force de faire sa volonté et non la nôtre. De fois, nos passions, désirs et volonté charnels cherchent à prendre le dessus et influencent notre décision au point même d'endurcir notre cœur à la voix du Seigneur. Certes que certaines tentations ne sont pas faciles à surmonter mais sachons que le Seigneur a promis de nous aider afin de ne pas pécher contre lui. Quelquefois, le divorce peut être une lâcheté devant le Seigneur. La Bible dit que Dieu compte sur nous, il nous fait confiance que nous ne trahirons pas son nom et son alliance à l'instar de Job. Le Seigneur avait tellement confiance dans la sanctification, la consécration de Job et dans sa crainte du Seigneur à tel point qu'il a permis à Satan de le tenter (Job 2 :6). Malgré la haute dégrée de la tentation, Job a tenu ferme dans sa foi et a continué de garder et de préserver ce qu'il connaissait être juste et digne devant l'Éternel des armées. Peut être aussi que l'ennemi Satan a demandé à Dieu la permission de tenter votre foi, votre obéissance à la voie de Dieu, mais à travers votre mariage. Et, si vous divorcez, vous trahirez la race des enfants de Dieu qui est la fidélité et l'obéissance à tout épreuve (Psaumes 73 :15). Le divorce ou la répudiation est un signe qui montre plus haut et qui dit : ici dans mon couple, c'est moi qui commande et non Dieu. C'est moi seul qui prends les décisions ; je suis mon propre chef et je m'en fous de Dieu. Le divorce c'est la désobéissance à la volonté de fidélité envers Dieu dans le mariage. C'est l'opposé de l'engagement et de la volonté indissoluble de Dieu dans le mariage.

Dieu aimait et restait fidèle à son peuple

Dans l'ancienne alliance, l'Éternel a aimé son peuple malgré ses faiblesses et ses péchés, pourtant il savait d'avance que son peuple sera infidèle. Voyons comment le véritable amour est basé sur l'engagement de soi et non sur celui de l'autre, sur ce que l'on compte faire pour l'autre et non de ce que l'autre fera pour soi. L'Éternel dit à son peuple dans Esaïe 48 :8-11 : « *Tu n'en as rien appris, tu n'en as rien su, et jadis ton oreille n'en a point été frappée : Car je savais que tu serais infidèle, et que dès ta naissance tu fus appelé rebelle. A cause de mon nom, je suspends ma colère ; à cause de ma gloire, je me contiens envers toi, pour ne pas t'exterminer. Je t'ai mis au creuset, mais non pour retirer de l'argent ; je t'ai éprouvé dans la fournaise de l'adversité. C'est pour l'amour de moi, que je veux agir ; car comment mon nom serait-il profané ? Je ne donnerai pas ma gloire à un autre* ». C'est par l'Éternel que nous comprenons le vrai sens de ces trois mots : je t'aime. Quel est celui qui sait d'avance que son partenaire le trahirait très souvent mais va quand même l'aimer, l'épouser… Va s'attacher sérieusement et profondément à lui ou elle sans intérêt. Seul Dieu peut le faire.

Nous devrions prier et demander cette grâce à Dieu de savoir aimer comme notre Père afin d'aimer nos femmes et nos maris comme il le faut. Nous devrions rechercher cette qualité d'amour afin de ne pas faire profaner et blasphémer le nom de l'Éternel notre Dieu. S'il y a quelque chose de mal en nos partenaires ou si nous avons du mal à aimer comme le Seigneur Jésus-Christ, demandons et sollicitons son aide dans la prière, car pourquoi devrions-nous manquer la gloire à cause de quelque chose que nous pouvons supporter ? Pourquoi trahir la race des enfants de Dieu ? Soyons sérieux envers nous-mêmes et envers le corps du Christ, car nous sommes ses témoins (Esaïe 43 :10 ; 12). Ceux qui doivent montrer l'exemple au monde de la manière selon laquelle le Seigneur veut être servi.

Comme il est fidèle à ses promesses, de même nous aussi nous devrions l'être en toute chose, grande ou petite. Dieu voit d'abord l'engagement et la promesse faite à l'autre même en présence d'aucun témoin, puisqu'il est lui-même le premier témoin de toute relation. Dans Malachie 2 :14-16 Dieu dit : « *Et vous dites : Pourquoi ?... Parce que **l'Éternel a été témoin entre toi et la femme de ta jeunesse, à laquelle tu es infidèle, bien qu'elle soit ta compagne et la femme de ton alliance**. Nul n'a fait cela, avec un **reste de bon sens**. Un seul l'a fait, et pourquoi ? Parce qu'il cherchait **la postérité que Dieu lui avait promise**. Prenez donc garde en votre esprit, et **qu'aucun ne soit infidèle à la femme de sa jeunesse ! Car je hais la répudiation, dit l'Éternel, le Dieu d'Israël, et celui qui couvre de violence son vêtement**, dit l'Éternel des armées. Prenez donc garde en votre esprit, et **ne soyez pas infidèles** !* ». Dans une maison où l'Éternel est le bâtisseur et le fondateur, l'autorité de Dieu est d'abord et avant tout reconnue avant toute décision. La volonté de Dieu est préalablement recherchée et passe avant toute autre volonté, parce que les deux conjoints savent et reconnaissent que s'ils sont ensemble, cela est la volonté de Dieu. En d'autres termes, c'est Dieu qui les a réunis, d'où, l'un ne peut pas chasser l'autre ou divorcer parce c'est serait pécher contre la volonté de Dieu, alors qu'Il ne s'est pas trompé en les réunissant.

Dans le foyer que l'homme seul bâtit, l'homme règne en maître absolu, ses intérêts, sa volonté, ses passions et désirs, ses lois, règles et principes… Bref ; le « moi » est au centre. Et très souvent, il y a des frustrations de part et d'autre puisque chacun se sent libre de tout faire et même de rompre s'il en a envie. Le mariage n'est pas pris au sérieux mais plutôt comme un jeu de plaisir, un simple contrat et passetemps sans objectif réel à atteindre. Tandis que dans les maisons où Dieu règne, avant toute décision l'on pose la question : Qu'en pense le Seigneur ? Que dit la Bible à propos ? Le Seigneur veut que nous puissions vivre de telle ou telle manière. Personne n'est frustré ou humilié car le couple cherche la volonté de Dieu, la gloire de son nom et le respect de l'autre. C'est d'abord l'intérêt de Dieu et celui de l'autre qui prévaut. Chacun apporte la grâce qu'il a reçue, les dons qui lui avaient été donnés pour l'avancement de l'œuvre de Dieu, du ministère et pour le bien être de l'autre d'abord.

La dérivation n'est pas subordination

Le problème est que les mauvais enseignements ont tellement pris des racines dans les cœurs des hommes à travers les âges que ces enseignements ont été inculqués de façon à faire autorité et de rivaliser avec la parole de Dieu. Des spéculations diaboliques et mondaines qui fil du temps ont pris place dans nos sociétés et ont tendance soit à causer les divorces, soit à causer les conflits, soit à réduire l'un de conjoint à un niveau inférieur à l'autre ou de subordination. L'on stipule notamment que puisque la femme a été tirée de l'homme, elle est subordonnée, inférieure, mais l'on ignore que la dérivation n'est pas subordination ! L'homme est tiré de la poussière, l'on pourrait se demander s'il est inférieur à la poussière pour autant ? Au contraire, il domine la terre. Pourquoi ? Parce qu'il a reçu de Dieu le pouvoir et l'autorité de dominer la terre. Donc, la dérivation importe peu mais ce qui compte c'est ce qui sort de la bouche de Dieu, le créateur de toutes choses. L'autorité vient du plus grand, de Dieu ; c'est lui qui qualifie chacun à la tâche, qui dit de chacun qui il est malgré sa source. C'est lui (Dieu) qui fait l'être. D'ailleurs, l'autorité c'est quelque chose qui se donne et qui se reçoit simplement sans mérite. L'homme est sorti de la poussière mais Dieu l'a placé au-dessus de la poussière. La femme est sortie de l'homme mais Dieu l'a placée au même niveau que l'homme : partenaires égaux. D'où, bien que différents, il y a une relation d'interdépendance et de complémentarité entre eux. L'un n'est pas sans l'autre et personne n'est plus grand ou plus important que l'autre. Sans l'un, l'autre aussi n'est pas. Bien que le rôle diffère, personne n'a plus de valeur que l'autre. Ils sont au même point d'égalité étant des êtres créés par Dieu et qui travaillent pour ce même créateur. La femme est une aide, mais avant cela elle est une personne à part entière comme l'homme, faite à l'image de Dieu et validée par Dieu comme l'homme. L'homme est le premier dans l'ordre de la création de l'espèce humaine mais cela ne fait pas de la femme un être inférieur puisque Dieu l'appelle « *Ezer* ». Ce n'est qu'un fort qui peut venir au secours d'un faible et non le contraire. Dire que la femme est inférieure signifierait révoquer la parole et de la déclaration de Dieu à propos. Ce type de relation d'interdépendance ne doit pas pousser la femme dans la rébellion ou le non-respect de la fonction de l'homme comme l'ainé. Le premier à qui Dieu a confié la direction à suivre. La femme devait volontairement reconnaitre cela et se soumettre d'elle-même. Comme une maison repose sur la fondation, la vie dans le jardin d'Eden reposait sur l'observance de la parole de Dieu et l'observance de rôle et de la fonction de chacun. La femme ne devait pas prendre la place de l'homme ni l'homme celle de la femme, sinon, c'est le chao.

Si vous me le permettez, j'aimerais vous demander : Comment est votre couple ? Quel type de relation avez-vous ? Est-ce que Dieu est au centre de votre union ? Est-ce que vous vivez pour Dieu ou avez-vous abandonné votre mission : La raison d'être de votre couple ? Savez-vous pourquoi Dieu vous a unis ? Peut-être que vous vous êtes écarté de la volonté de Dieu dans votre union, de l'objectif que Dieu vous a fixé. Si c'est le cas, il n'est pas trop tard. Comme l'Éternel appelait Adam après la chute, sachez qu'il vous appelle aussi. Genèse 3 :9 « … l'Éternel Dieu appela l'homme et lui dit : Où es-tu ? ». Dieu vous cherche, il vous appelle, il vous aime et veut vous restaurer dans son jardin. Dans Actes 2 :32 il est dit : « … *Repentez-vous et que chacun de vous soit baptisé au nom de Jésus-Christ, pour le pardon de vos péchés ; et vous recevrez le don du Saint-Esprit* ». Romains 10 :13 : « *Car quiconque invoquera le nom du Seigneur sera sauvé* ». Le Seigneur ne vous condamne pas mais il veut vous sauver. Il veut se réconcilier avec vous d'abord, et ensuite avec votre couple. Romains 8 :33-34 : « *Qui accusera les élus de Dieu ? C'est Dieu qui justifie ! Qui les condamnera ? Christ est mort ; bien plus, il est ressuscité, il est à la droite de Dieu, et il intercède pour nous* ». Recevez Jésus-Christ comme votre Seigneur et Sauveur personnel. Demandez-lui pardon des tous vos offenses, ce n'est que par lui que vous pouvez retourner en Eden et vivre avec Dieu. Votre couple sera restauré et vous vivrez la gloire de Dieu. 2Corinthiens 5 :19 et 21 : « *Car Dieu était en Christ, réconciliant le monde avec lui-même, en imputant point aux hommes leurs offenses, et il a mis en nous la parole de la réconciliation… Celui qui n'a point connu le péché, il l'a fait devenir péché pour nous, afin que nous devenions en lui justice de Dieu ».*

Jésus a fait recours au commencement, à Eden

Un jour les pharisiens posèrent à Jésus la question de savoir s'il était permis à un homme de répudier da femme pour n'importe quel motif, la réponse du Seigneur était très stricte et très révélatrice, il les a ramenés au commence : « … *Le créateur au commencement fit l'homme et la femme* » (Matthieu 19 :3-9), en d'autres termes, si l'homme et la femme sont ensembles, c'est parce que Le créateur en a voulu ainsi, sinon, ils ne seraient pas ensemble. Et, comme c'est la volonté du créateur, personne n'a l'autorité de répudier l'autre. Le Seigneur remonte au commencement parce que c'est là où se trouvent les racines de l'union conjugale. Le mariage édénique est le prototype de tous les autres. Les pharisiens lui dirent alors : Pourquoi donc Moïse a-t-il prescrit de donner à la femme la lettre de divorce et de la répudier ? La réponse a été claire : « *C'est à cause de la dureté de votre cœur que Moïse vous a permis de répudier vos femmes ; au commencement, il n'en était pas ainsi* ». Dieu n'a pas fait l'union conjugale pour le divorce mais pour la vie éternelle. Si l'homme répudie sa femme ou la femme son mari, c'est simplement parce que ce dernier ou cette dernière endurcit son cœur au point de ne pas accorder le pardon à l'autre. Il ou elle pense que l'erreur de l'autre, son attitude, son comportement… sont tellement grave qu'il ou elle ne devait pas être pardonné. L'on recense les fautes de l'autre sans pourtant voir les siennes. L'on considère l'autre comme un pire pécheur et l'on se voit soi-même comme juste. Notre égo nous voile tellement le visage au point d'oublier que « *tous ont péché et son privés de la gloire de Dieu* » (Romains 3 :23). L'on oublie si vite que l'on est aussi pécheur soi-même, sauvé par grâce, par amour de Dieu et par sa bonté. De même, nous aussi nous devrions pardonner sans condition les autres quels que soient leurs actes. Lorsque l'apôtre Pierre dans Matthieu 18 :21-22, avant la question sur le divorce de pharisiens au chapitre 19, a demandé au Seigneur combien de fois pouvait-il pardonner son frère, lorsqu'il pécherait contre lui ? Sera-ce jusqu'à sept fois ? Mais le Seigneur Jésus lui répondu : « *Je ne te dis pas jusqu'à sept fois, mais jusqu'à septante fois sept fois* ». Pour le Seigneur le pardon est illimité quel que soit le nombre d'offense. De même que Dieu nous a pardonnés en Christ et nous pardonne et nous reçoit toujours quelles que soient nos fautes, de même aussi il souhaite que nous puissions aussi le faire pour les autres et nos conjoints ou conjointes. Dans la prière du Seigneur nous disons : « *Pardonne-nous nos offenses, comme nous pardonnons à ceux qui nous ont offensés* ». (Matthieu 6 :12).

La possibilité ou l'ouverture que le Seigneur donne au verset 9, en parlant de l'infidélité comme l'unique raison susceptible de répudier sa femme, ne devrait pas être prise et comprise au sens légaliste du premier degré. Le Seigneur n'en fait pas une obligation pour autant dans le sens strict du terme. Cependant, l'analogie de la foi voudrait que nous fassions toutes choses comme le Seigneur. Dans Éphésiens 5 :1, l'apôtre déclare : « *Devenez donc les imitateurs de Dieu, comme des enfants bien-aimés* ». En d'autres termes, malgré cette ouverture de divorce, le Seigneur nous appelle avant tout à régler notre conduite vis-à-vis de chaque question, chaque décision, de chaque action…, sur celle qu'il a accomplie, enseignée et faite à travers sa personne et son œuvre. Etant disciple, Christ est notre modèle. Il a dit aux Scribes et aux pharisiens : « *…Que celui de vous qui est sans péché jette le premier la pierre contre elle* » Ensuite il a dit à cette : « *Femme, où sont ceux qui t'accusaient ? Personne ne t'a-t-il condamnée ? Elle répondit : Non, Seigneur. Et Jésus lui dit : Je ne te condamne pas non plus : va, et ne pèche plus* » (Jean 8 :7). Quel enseignement de la part du Seigneur !!! Jésus n'approuve pas cet acte d'adultère, et est ni contre la loi de Moïse, mais il est contre le manque d'amour vis-à-vis de cette femme. D'ailleurs, personne ne savait en dehors du Seigneur les raisons fondamentales de cet adultère. Peut-être que c'était indépendamment de sa volonté, qu'elle était l'objet d'une quelconque menace ou d'une agression sexuelle. Peut-être qu'elle avait un problème d'argent ou d'une maladie quelconque de la part de son mari, son frère, sa sœur, son fils… et personne ne lui venait en aide et cela l'aurait poussée à se prostituer ? Mais dans tout cas, le Seigneur pointe ses accusateurs et leur demande si eux n'ont aucun péché ! Si réellement vous aimer l'autre, vous ferez fi de ses fautes, car l'amour est plus fort que la haine. Dieu prend plaisir à la miséricorde (Osée 2 :21 ; 10 :12 ; Michée 6 :8 ; 7 :18 ; Zacharie 7 :9). Dans Jacques 2 :13 il est écrit : « *… La miséricorde triomphe du jugement* ». Pour le cas de cette femme, le Seigneur ne lui a pas ôté la vie, il lui a dit va et ne pèche plus. En d'autres termes, il lui a renouvelé la vie alors qu'elle était au point d'être exécutée, c'était une sorte seconde chance qu'elle devait saisir. Voilà la bonté d'un cœur pur qui compatit et qui se met à la place de l'autre. Dans Matthieu 9 :13 Jésus a dit aux pharisiens : « *Allez, et apprenez ce que signifie : Je prends plaisir à la miséricorde, et non aux sacrifices. Car je ne suis pas venu appeler des justes, mais des pécheurs* ». La miséricorde est le caractère de Dieu. La Bible dit que l'Éternel Dieu est miséricordieux et compatissant, lent à la colère, riche en bonté et en fidélité (Exode 34 :6). De même, Il veut que ses enfants soient comme Lui, c.-à-d., exercent la miséricorde, la compassion, la bonté ainsi que la fidélité.

C'est pourquoi, malgré l'infidélité multiple du peuple d'Israël, l'Éternel n'avait aucune fois rompu son engagement envers lui. Et actuellement, malgré que nous sommes dans la nouvelle alliance, sauvés et nés de nouveau, mais lorsque nous commettons des actes d'infidélités vis-à-vis de Dieu notre Père céleste, le Christ qui est assis à la droite du Père, joue le rôle d'avocat pour nous. Dans 1 Jean 2 :1 il est écrit : « *Mes petits-enfants, je vous écris ces choses, afin que vous ne péchiez point. Et si quelqu'un a péché, nous avons un avocat auprès du Père, Jésus Christ le juste* ». Grâce à la nouvelle alliance acquise par sa mort, Dieu nous pardonne quelle que soit la faute si nous lui demandons pardon en confessant notre péché. La Bible dit que Dieu compatit à nos faiblesses, et il sait de quoi nous sommes formés, Il se souvient que nous sommes poussière (Psaumes 103 :14). Certes qu'il ne nous encourage pas dans le péché, il déteste le péché mais quel que soit le nombre de fois que nous tombons, Il nous pardonne et nous relève. Son amour ne dépend pas de notre fidélité ou de notre infidélité, mais de lui-même. Dieu est bon, il est parfait en toute chose, il veut que nous soyons de même comme lui. La Bible déclare : « *Si nous disons que nous n'avons pas de péché, nous nous séduisons nous-mêmes, et la vérité n'est point en nous. Si nous confessons nos péchés, il est fidèle et juste pour nous les pardonner, et pour nous purifier de toute iniquité. Si nous disons que nous n'avons pas péché, nous le faisons menteur, et sa parole n'est point en nous. Mes petits-enfants, je vous écris ces choses, afin que vous ne péchiez point. Et, si quelqu'un a péché, nous avons un avocat auprès du Père, Jésus-Christ le juste. Il est lui-même une victime expiatoire pour nos péchés, non seulement pour les nôtres, mais aussi pour ceux du monde entier* » (1 Jean 1 :8-9 ; 2 :1-2).

L'adultère est un acte de trahison et de la rupture de l'alliance, si vous répudiez votre mari ou votre femme à cause de l'adultère, le Seigneur ne vous condamnera pas pour cela, mais si vous choisissez de pardon et de renouveler cette alliance, vous ferez preuve d'une grande maturité devant le Seigneur ; parce que vous aurez accompli ce que bon nombre des enfants de Dieu n'arrivent pas à accomplir : faire mourir les œuvres de la chair. Pardonner l'infidélité de l'autre et continuer à l'aimer plus qu'auparavant, est humainement difficile pour certains et impossible pour d'autres. Mais dans les cœurs où Christ a pris toute la place et que le Saint-Esprit règne en Maître absolu, où le fruit de l'Esprit est mûr (Galates 5 :22), cela est facile et possible à faire. Tout simplement parce que ces genres d'enfants cherchent tout d'abord et premièrement le Royaume de Dieu. Leurs désirs est de contempler un jour la face du Seigneur Jésus et rien d'autre sur terre n'a plus de valeur que la gloire à venir. Ils sont prêts à tout supporter ou à tout perdre pour la gloire de Dieu. Faire la volonté de Dieu et l'imiter en toute chose, font la raison de leur existence.

Nombreux des enfants de Dieu qui sont tombés ou tombent dans l'adultère, sont ceux qui sincèrement n'ont souhaitaient pas et n'ont voulaient pas. Nous pouvons très vite les condamner et les accuser, mais si nous optons de leur prêter l'oreille, nous nous apercevrons certainement très vite que ça ne valait la peine de les condamner, mais plutôt il fallait compatir et prier pour eux. C'est pourquoi, le Seigneur nous a dit : « *Tout ce que vous voudrez que les autres fassent pour vous, faites-le de même pour eux, car c'est la loi et les prophètes* » (Matthieu 7 :12). Pour le Seigneur, si c'était vous qui était tombé dans l'adultère, que aimeriez-vous que l'on vous fasse ? Que l'on vous rejette, que l'on vous déteste ou que l'on vous pardonne ?

Parmi les possibilités de divorce, l'apôtre Paul parle aussi avec regret dans 1 Corinthiens 7 :15 : « *Si le non-croyons se sépare, qu'il se sépare ; le frère ou la sœur ne sont pas liés dans ces cas-là. Dieu nous a appelés à vivre en paix* ». Ce n'est pas avec joie qu'il en parle parce que Dieu hait le divorce. Mais en ce qui concerne les choses à éviter, si vous êtes croyant, fidèle et disciple de Jésus et pour éviter que vous en arrivez-là, cherchez un conjoint ou une conjointe croyante, fidèle et disciple de Jésus-Christ comme vous. A moins que cela soit une recommandation du Seigneur à votre égard ou que vous avez connu le Seigneur dans cette situation.

Adam et Eve étaient de la même nature, ils ne sortaient pas de la terre ou des eaux comme les autres animaux mais ils étaient façonnés directement par Dieu. Et, pour qu'ils soient vraiment de la même espèce, Dieu forma la femme à partir de l'une de côte de l'homme. C'est bien de prendre une infidèle ou un infidèle, mais c'est mieux d'épouser un enfant de Dieu ; un homme ou une femme né de nouveau.

CHAPITRE 4

« QUE DIRE DU REMARIAGE »

L'Éternel Dieu des armées est un Dieu d'ordre, de justice, de vérité et de paix. Il prend plaisir à la sanctification et à la sainteté. Il hait la répudiation (Malachie 2 :16) de toute ses forces parce que c'est un manque d'honneur à ses engagements. La Bible déclare dans 1 Corinthiens 7 :10-11 : « *A ceux qui sont mariés, j'ordonne, non pas moi, mais le Seigneur, que la femme ne se sépare point de son mari (si elle est séparée, qu'elle demeure sans se marier ou qu'elle se réconcilie avec son mari), et que le mari ne répudie point sa femme* ». Ici comme ailleurs le Seigneur est clair pas de divorce mais s'il peut arriver que les deux conjoints se séparent, qu'ils demeurent sans se marier ou qu'ils se réconcilient. Le remariage est un péché, c'est un adultère devant le Dieu saint même si les gens cherchent toutes sortes d'excuses et prétextes pour justifier leur péché, mais cela ne tient pas la route puisqu'il y a déjà rupture de l'alliance. Dans Marc 10 :11-12, le Seigneur Jésus déclare : « *Celui qui répudie sa femme et qui en épouse une autre, commet un adultère à son égard ; et si une femme quitte son mari et en épouse un autre, elle commet un adultère* ». Il n'y a pas d'excuse à la fidélité et en matière des choses saintes de Dieu, il n'y a pas des raisons valables en matière de sanctification et du non-respect des principes de vie de Dieu. Il y a trop des fausses excuses comme : je m'étais trompé ; il ou elle est incompatible ; elle n'est pas soumisse ; il m'aime pas… Toutes ses raisons ne sont pas valables, il fallait y penser avant de contracter l'alliance, mais une fois dans l'alliance, l'on ne peut plus faire marche arrière. L'on va de l'avant bon gré et/ou malgré tout en sollicitant l'aide de Dieu pour être en mesure d'honorer sa parole jusqu'au bout parce que les adultères n'ont pas de place dans le royaume des cieux (1 Corinthiens 6 :9 ; Apocalypse 2 :22).

Le Royaume de Dieu est plus important

Ce n'est pas si simple que ça pourrait en avoir l'air de vivre en couple, il y a toujours des petits soucis et il y en aura toujours, ça fait partie la réalité de vivre ensemble.

Mais étant ensemble il faut obligatoirement se comprendre, se pardonner, dialoguer, s'humilier, se soumettre réciproquement, se supporter… et surtout honorer Dieu quelles que soient les circonstances. L'hymne du mariage et de l'amour ne doit jamais manquer dans la bouche de l'homme ainsi que de celle de la femme : « *La charité est patiente, elle est plein de bonté ; la charité n'est pas envieuse ; la charité ne se vante point, elle ne s'enfle point d'orgueil, elle ne fait rien de malhonnête, elle ne cherche point son intérêt, elle ne s'irrite point, elle ne soupçonne point le mal, elle ne se réjouit point de l'injustice, mais elle se réjouit de la vérité ; elle excuse tout, elle croit tout, elle espère tout, elle supporte tout. La charité ne périt jamais. Les prophéties prendront fin, les langues cesseront, la connaissance disparaîtra* ». 1 Corinthiens 13 : 4-8.

Vous devez avoir à l'esprit que le Royaume des cieux est plus important que toutes les autres choses que nous pouvons faire et avoir sur cette terre, puisque c'est là où nous passerons notre éternité. Ici-bas sur terre, nous ne sommes que des pèlerins et non des résidents permanents, nous sommes de passage pour la gloire de Dieu dans les cieux. Vaut mieux s'en tenir à la volonté de Dieu qu'à la nôtre et à celle des hommes. La désobéissance à Dieu coûte la mort, mais la crainte de sa parole donne la vie. Ceux qui vivent dans le désordre le regretteront un jour, la Bible nous avertit que l'amour du monde est inimitié contre Dieu. Celui qui se fait ami du monde outrage les voies de Dieu, et se rend lui-même ennemi de Dieu (Jacques 4 :4). En moins que le mari ou la femme ne meure, à ce moment-là, si on le veut toujours, la Bible autorise de se remarier (Romains 7 :3) mais pas du vivant de l'autre, même si l'on est séparé, d'où, vaut mieux se réconcilier et rester ensemble.

Les trois facteurs du mariage

Nombreux se sont remariés à plusieurs reprises sans le savoir ou même volontairement. Pour eux, se marier s'est avant tout et d'abord verser la dot, voir les parents, faire la fête, aller devant l'officier de l'état civil, faire la bénédiction nuptiale, passer une bonne lune de miel… Ces différentes phases qui constituent une démarche utile et quelques étapes importantes du mariage sont à louer, mais elles ne représentent pas le font du mariage ; c'est la partie superficielle du mariage, en d'autres termes, elles ne représentent que la facette externe. Pour le Seigneur trois choses font le mariage dans sa structure interne et cachée. Aux yeux de Dieu, le mariage est d'abord une « *alliance sainte et spirituelle* », irrévocable et indissoluble par conséquent. Hors mis les autres aspects, cette alliance passe par trois facteurs ou trois éléments importants : D'abord le Seigneur Dieu, ensuite, la déclaration (engagement par la parole, les promesses, le gage d'appartenance), enfin, la contraction ou l'intronisation (la validation de l'alliance ; sceller l'alliance par le rapport sexuel, devenir une seul chair à vie).

La déclaration de l'alliance ici, représente le moment où les deux personnes s'engagent dans la confidentialité entre eux. Le moment où l'un fait le pas vers l'autre. C'est l'une des parties décisive d'une relation entre l'homme et la femme, car l'Éternel le prend très au sérieux. Les deux conjoints se déclarent mutuellement leurs intentions de s'unir en mariage et de vivre ensemble. L'un et l'autre acceptent les propositions et se mettent d'accord. **C'est le choix approuvé, déclaré et avoué**. C'est le moment où l'on dit si haut ce que l'on pensait si bas dans son cœur. Souvent ici, il n'y a pas des témoins sauf Dieu seul qui sonde les reins et les cœurs (Jérémie 11 :20). Tant que les deux partenaires ne se partagent pas leur sentiment et le gardent simplement dans leur cœur ; plus encore, tant qu'ils ne s'acceptent pas, il y a pas d'ouverture de contraction d'alliance. Mais une fois annoncer et accepter, le premier pas est fait ainsi que la première partie de l'alliance. Dieu prend en considération ses paroles et ses promesses faites mutuellement en secret. Ceci dit, qu'aucun de deux ne peut plus aller envers une autre personne puisque les deux se sont choisis et acceptés. Chacun s'est engagé à l'autre. A ce moment vient la procédure de la contraction de l'union conjugale. C'est un acte réfléchi et responsable que chacun se doit d'honorer. C'est la première partie de l'ouverture de la porte de l'alliance, c'est l'appelle à l'alliance. Ici, l'alliance de vivre à vie commence mais elle n'est pas achevée ni fermée mais elle représente dorénavant la direction à prendre et la personne choisie avec laquelle l'on passera le restant de sa vie. Sans le choix, il n'y a pas encore de mariage devant le Seigneur. Il faut qu'il y ait préalablement choix et engagement, ensuite les promesses et la détermination à accepter son choix et à honorer son engagement afin d'aboutir à la fidélité exclusive.

C'est ce qui s'est passé dans le jardin d'Eden après que Dieu eut formé la femme, il est écrit au verset 23 du chapitre 2 : « *Et l'homme **dit** : **Voici**...* » ; c'est sur cette déclaration que la porte de l'alliance, de l'union conjugale fut ouverte parce qu'Adam a déclaré son choix devant : « *Voici cette fois celle qui est os de mes os et la chair de ma chair ! On l'appellera femme, parce qu'elle a été prise de l'homme* ». C'est sur ce premier principe de choix que Dieu valide un mariage. Dieu n'oblige à personne, chacun devait faire son choix, mais tout en sachant qu'il devait le respecter jusqu'au bout. C'est ce que vous dites au début de votre relation à votre partenaire qui compte le plus et que vous serez tenu d'honorer jusqu'à la fin de votre vie, parce que Dieu ne retiendra que ça.

Ensuite, dans l'intronisation de l'alliance par l'acte sexuel qui est la dernière phase, ici, l'alliance est validée à jamais, contractée pour la vie, scellée devant Dieu et confirmée. C'est la deuxième partie la plus importante qui confirme et scelle l'union conjugale jusqu'à la mort et la fidélité est de mise à jamais quels que soient les temps et les circonstances. Cette étape représente la dernière de toutes après avoir honoré le mariage devant tout le monde. Après les phases extérieures, celles que nous avons citée plus haut (le mariage en public : dot ; mairie, église ; fête…). Ceci dit : je n'aurai plus d'autre partenaire en dehors de celle ou de celui que j'ai choisi et envers qui je me suis engagé et associé en devenant une seule chair. La trahison de cet engagement à pour peine la mort. La Bible déclare que les adultères n'hériteront point le royaume de Dieu (1 Corinthiens 6 :9).

Malheureusement, nombreux après avoir ouvert la porte de l'alliance, après qu'ils se soient déclarés leur amour, passent directement à la fermeture c'est-à-dire à l'acte sexuel sans préalablement honorer le mariage devant tous. Pire, ils ne se considèrent pas mariés (unis à vie), demain et après-demain ils divorcent (rompent la relation) et cherche un autre ou une partenaire. Ils ne se rendent pas compte qu'ils sont entrain de se marier et de divorcer, se remarier et de divorcer à nouveau. Une fois que vous avez eu le contact sexuel avec une tiers personne, sachez que vous vous êtes lié à vie avec cette personne, vous avez contracté une alliance spirituelle dans le bon ou le mauvais sens, mais peu importe, c'est une alliance. C'est l'une des raisons pour lesquelles Jacob n'avait pas abandonné Léa bien qu'il avait servi sept ans pour Rachel, c'était parce que l'alliance avait déjà été contracté avec qu'elle (Genèse 29 : 23-25). Dans les Saintes-Ecritures, le Seigneur a insisté sur la chasteté et qu'une fois que l'on perdait sa virginité, l'on restait avec son partenaire jusqu'à la mort. La nudité d'une personne ne peut être vue que par son conjoint avec lequel il vivra ensemble pour toujours et non le contraire. Joseph pouvait rompre avec marie lorsqu'il a su qu'elle était en enceinte du Seigneur parce qu'il ne l'avait pas encore connu sexuellement (Matthieu 1 :19 ; 25).

Le but du diable est de nous faire faire ce que Dieu n'a pas dit ou ce qu'il a dit mais soit selon nous-mêmes, ou soit selon lui (le diable). L'ennemi cherche à tout prix à nous faire minimiser la valeur et l'importance de la mise en pratique exacte de la volonté de Dieu. C'est pourquoi la Parole de Dieu nous met en garde de nous soumettre à Dieu et de résister au diable (Jacques 4 :7). Dieu ne nous a pas interdit le sexe ou le plaisir sexuel, seulement, il veut que cela se passe dans l'ordre ; c'est-à-dire : « *Que chacun ait sa femme et chaque femme ait son mari* » (1 Corinthiens 7 :2).

Dieu veut de l'ordre et le plaisir dans le mariage. Déjà en donnant au lieu d'habitation du proto-couple le nom de Jardin (*gan ou gannâh* en hébreu) ce qui signifie plus ou moins « volupté », l'homme et la femme devaient trouver en cet endroit l'agrément le plus complet ; tout ce qui pouvait contribuer à son bonheur et à sa joie. Le désordre tue le plaisir dans le mariage, agasse l'envie de vivre ensemble.

CHAPITRE 5

« QU'EST-CE QUE L'AMOUR »

L'amour du couple vivant en Eden ne périt jamais et ne peut jamais périr à moins que les deux conjoints ne décident de sortir d'Eden et de vivre selon leur propre chef. A moins qu'ils ne décident de s'écarter et de se rebeller à l'autorité divine. Mais tant que les deux conjoints décideront unanimement de rester fidèles à l'obéissance de la volonté de Dieu quoiqu'il arrive, leur amour ne pourra jamais être détruit quelles que soient les épreuves. L'amour du couple édénique est éternel tout simplement parce que cet amour est plus qu'un immense sentiment intense et agréable qui incite les êtres à s'unir ; c'est plus qu'une affection si profonde soit-elle pour quelqu'un ; ce n'est non plus du plaisir, de l'intérêt ou de l'obsession sexuelle vaine et charnelle. Mais cet amour est une personne : Jésus-Christ, le Fils du Dieu vivant. La Bible déclare dans 1 Jean 4 :8 : « *Celui qui n'aime pas n'a pas connu Dieu, car* **Dieu est amour** ». Dieu n'a pas d'amour, il n'est point également dans l'amour mais Il est Amour. Cela est une qualification qu'en dehors d'être Tout-Puissant, Esprit, immuable… Il est aussi Amour. Et, lorsque le Dieu amour vit dans nos cœurs, Il nous communique également son amour pour que nous soyons nous aussi capables d'aimer véritablement comme lui, il aime. Dans Romains 5:5 il est écrit : « *Or, l'espérance ne trompe point, parce que l'amour de Dieu est répandu dans nos cœurs par le Saint-Esprit qui nous a été donné* ».

Aucun être humain ne peut véritablement aimer sans Dieu parce que l'amour c'est Dieu et ne se définit qu'en Dieu. Toute autre forme d'amour que l'homme peut avoir sans Dieu n'est pas de l'amour mais de l'impression, de l'attirance, du désir, du sentiment …. Malheureusement ces choses quoique bonnes ne peuvent constituer le fondement durable du mariage car elles sont passagères, variables, inconstantes, instables, momentanées et charnelles. C'est comme si l'on bâtissait une maison sans fondement mais en plus, sur le sable, elle ne vivra pas longtemps non parce qu'elle la veut, mais parce qu'elle est située sur un mauvais terrain. En sus, étant sans fondement, elle sera incapable de résister devant la menace du tremblement de terre et des intempéries. Quelle que soit son envie de vivre, elle s'écroulera tôt ou tard. C'est ce qui arrive souvent dans beaucoup des couples ; dès le départ, les deux conjoints sont très motivés de vivre ensemble parce qu'ils ressentent l'un pour l'autre une forte attirance et un fort sentiment partagés qu'ils considèrent pour de l'amour véritable. Ils sont motivés et croient en leur capacité et dans leur amour de vivre ensemble éternellement. Mais ils ignorent que leur propre amour, leur propre volonté ou capacité ne suffisent pas pour garantir l'existence de leur union jusqu'au bout. A peine quelques pas d'ensembles, le cœur devient vide : plus d'amour et plus d'attirance pour l'autre, l'on a l'impression de faire fausse route, de tout rompre et de chercher ailleurs. A peine hier, ce qu'ils croyaient être l'amour était à cent pourcent mais aujourd'hui, il est à zéro pourcent. Le problème est que pour ce type de couples qui vivent loin de Dieu, quand l'impression, le désir, l'attirance… diminuent et arrivent totalement à terme, la relation aussi s'arrête par là. Ces couples vivent suivant leurs instincts, leurs passions charnelles et non suivant leur engagement, leur conscience et la Parole de Dieu. Au lieu de diriger leur corps, ces sont les émotions qui les dirigent. Ils sont loin de la réalité et de la vérité, ils bâtissent leurs couples avec de mauvais matériaux et sur les mauvais terrains.

Par contre, pour le couple qui est « En » Eden, qui vit en réalité en l'Éternel, et qu'en retour l'Éternel vit « en » lui, ce couple peut également connaitre des moments très difficiles et compliqués bien sûr comme les autres, cependant, les conjoints ne pourront jamais se séparer. Ils trouveront des bons moyens de les surmonter sans se faire du tort l'un l'autre. Leur amour l'un envers l'autre ne pourra jamais périr. Cet amour peut diminuer à cause des certaines situations ou frustrations de part et d'autre ou même à cause des certaines situations environnementales mais il ne pourra jamais finir jusqu'à la lis tout simplement parce que le Seigneur Jésus qui vit d'abord dans leur cœur avant leur couple, renouvellera leur amour et le protégera.

Souvenons-nous que maison dans Psaumes 127 :1, est « *baith* » en hébreu, signifie aussi« intérieur ou interne ». Dieu vivra non seulement dans le couple comme Maître, mais aussi et surtout dans le cœur de chacun comme Roi et Seigneur. La bonne nouvelle est que là où Dieu est, là où il règne en Maître absolu, les choses ne meurent jamais, il n'y a que la vie et la progression même si les temps, les circonstances et les saisons semblent être contraires. Et, à cause de la crainte de Dieu qui est en chacun, les deux partenaires chercheront préalablement à plaire à Dieu et à faire sa volonté quelle que soit la décision à prendre ; puisqu'ils vivent avant tout pour honorer Dieu.

La Bible déclare dans Lamentations 3 :22-23 : « *Les bontés de l'Éternel ne sont pas épuisés, ses compassions ne sont pas à leur terme ; elles se renouvellent chaque matin. Oh !* **Que ta fidélité est grande** *!* ». Dans le couple vivant en Eden dans la présence de Dieu, les bontés de l'Éternel se renouvellent en leur faveur et dans leur cœur. C'est couple trouvera toujours de nouvelles forces et de nouvelles solutions devant qu'importe quelle situation difficile ou compliquée soit-elle. Là où les autres peuvent facilement se disputer, se battre, se manquer du respect ou pire se divorcer ; ce couple le surmontera si facilement avec l'aide de Dieu. Parce qu'ils vivent non pour eux-mêmes mais pour le Seigneur et, dans sa fidélité, l'Éternel ne laissera jamais et ne voudra jamais qu'un tel couple qui espère en lui et l'honore puisse se disloqué, il interviendra en leur faveur tôt ou tard. La Bible dit dans Esaïe 40 :29-31 : « *Il donne de la force à celui qui est fatigué, et augmente la vigueur de celui qui tombe en défaillance. Les adolescents se fatiguent et se lassent, et les jeunes hommes chancellent ; mais ceux qui se confient en l'Éternel renouvellent leur force. Ils prennent le vol comme les aigles ; ils courent, et ne se lassent point, ils marchent, et ne se fatiguent point* ».

Dieu est la source intarissable de tout bonheur et de toute joie. Si la banque peut paraître comme un endroit sûr de garder son argent et bien Dieu est la personne la plus sûre pour garder en sécurité notre amour. Si la banque peut faillir, vous devriez savoir que Dieu ne failli jamais. Il est digne de confiance et de toute confiance de notre part.

CHAPITRE 6

« L'ANIMAL OU L'ETRE HUMAIN »

Nous avons l'habitude de nous dire à nous-mêmes, à nos enfants, ou à nos amis qu'il y a plusieurs femmes ou plusieurs hommes, tu en trouveras ou prendras une ou un autre. En Eden, ce genre de raisonnement n'existe pas. Si Adam à défaut d'Eve, chercha une autre conjointe, il devait trouver, mais pas une humaine ou quelqu'un de semblable à lui. Parce que cette dernière n'était pas encore dans le jardin, mais exister déjà dans le dessein de Dieu. Si Adam dans sa précipitation sans orientation que produit le Saint-Esprit voulait à tout prix prendre vite quelqu'un à ses cotés, il devait commettre la pire erreur de sa vie. Nombreux tombent les pièges de leur propre convoitise et de leur propre impatience au point qu'ils en payent le prix très cher. Ils se lancent sans réflexion au premier et à la première venue pourvu que cette personne ne lui plaise. Or, toute personne n'est pas faite pour tout le monde. Toute femme n'est pas faite pour tout genre d'homme et vice-versa. Gloire à Dieu pour la maitrise d'Adam et sa patience à chercher la direction de Dieu dans son choix du partenaire.

La Bible montre clairement en Genèse 2 :18-23 : (« *L'Éternel Dieu dit : Il n'est pas bon que l'homme soit seul ; je lui ferai aide semblable à lui. L'Éternel Dieu forma de la terre tous les animaux des champs et tous les oiseaux du ciel, et il les fit venir vers l'homme, pour voir comment il les appellerait, et afin que tout être vivant portât le nom que lui donnerait l'homme. Et l'homme donna des noms à tout le bétail, aux oiseaux du ciel et à tous les animaux des champs ; mais, pour l'homme, il ne trouva point d'aide semblable à lui. Alors l'Éternel Dieu fit tomber un profond sommeil sur l'homme, qui s'endormit ; il prit une de ses côtes, et referma la chair à sa place. L'Éternel Dieu forma une femme de la côte qu'il avait prise de l'homme. Et l'homme dit : Voici cette fois celle qui est os de mes os et chair de ma chair ! On l'appellera femme, parce qu'elle a été prise de l'homme*»), que l'idée même de créer la femme pour l'homme venait de Dieu lui-même ; cependant, au lieu de créer directement Eve et la lui présenter, Dieu commença par créer les animaux qu'il présenta à Adam, au moment où Adam avait besoin d'un partenaire semblable à lui. Dieu lui présenta des êtres vivants au lieu d'un être humain. En d'autres termes, vous pouvez sortir dans la rue et voir plusieurs hommes et femmes, la question est celle de savoir : est-ce qu'ils ou elles sont des aides semblables à vous ? Est-ce qu'ils ou qu'elles vous sont vraiment destinés à être prisent comme partenaire ? Est-ce que parmi ces êtres, il en a un qui soit votre vis-à-vis dans le foyer ? Adam nomma chaque animal mais n'en choisit aucun comme partenaire, gloire à Dieu. Faite très attention au choix que vous faites, sinon, vous risquerez de tomber sur un démon, un animal ou un poisson. Toutes les personnes ne vous sont pas destinées comme aide ; au contraire, il en a celles qui, au lieu de vous aider, vous détruiront. Toutes les marmites n'ont pas les mêmes couvercles, de même tous les couvercles ne sont pas destinés aux mêmes marmites mais pourtant tous servent à la cuisson de la nourriture.

Lorsqu'Adam a trouvé celle qu'il a dit : « Voici *cette fois celle qui est os de mes os et chair de ma chair* », il l'a bien traité et a eu pour elle une grande estime. Il ne l'a pas méprisée, dévalorisée ou sous-estimée. Mais par humilité, il l'a élevé et gardée jusqu'à la fin de ses jours. Il ne l'a pas chassé ou maltraité au point de lui dire : « *Si tu ne veux pas tu peux partir, de toutes les façons, j'en trouverai une autre* ». C'est la tendance de nos jours, l'on se dit que si je te quitte ou tu me quittes, le monde est rempli des êtres humains. Bien sûr que oui le monde est rempli des êtres humains, mais si celui ou celle que vous perdez est celui ou celle que Dieu vous avez destiné, vous ne trouverez jamais quelqu'un comme lui ou comme elle. En plus, vous serez en faut et en conflit avec Dieu pour avoir sous-estimé sa grâce et sa providence dans votre vie. Quand vous reconnaissez la main de Dieu et sa volonté dans votre relation, dans le choix de votre conjoint ou conjointe, n'essayez pas de la fouler au pied. Et s'il vous arrive un sentiment d'orgueil au point de mal vous comporter auprès de l'autre : humiliez-vous en lui demandons pardon et dites-lui combien il ou elle est important pour vous. Et, bien sûr que vous en trouverez un/e autre si vous vous séparez, mais posez-vous la question de savoir : est-ce la volonté de Dieu ? Qu'est-ce que nous aurons de plus important en nous séparant ?

Bien qu'il y a plusieurs êtres humains mais vous devez savoir que votre conjointe ou conjoint est unique en son genre et qu'en dehors d'elle ou de lui, tous les autres que pouvez avoir, c'est pécher contre Dieu qui avait pris le temps avant votre naissance de préparer une conjointe pour vous. Même si il a ou elle a des défauts graves, sachez que si Dieu vous l'avait destiné, il vous avait aussi doté des aptitudes pouvant vous aider à supporter ses caprices. C'est Dieu qui avait donné Eve à Adam, mais c'est à cause d'Eve qu'Adam est tombé. Dieu n'avait pas tort, aucunement, mais c'est Adam qui n'avait pas su utiliser la potentialité que Dieu lui avait donnée d'être l'ainé dans couple. Quel que soit le type d'homme et de femme que Dieu vous a donné, sachez qu'il vous avait préparé en avance donné toutes les capacités et potentialités compétentes pour pouvoir vivre avec l'autre. L'important, c'est de ne pas laisser votre chair prendre le dessus et de toujours vous souvenir que Dieu ne se trompe jamais et que toute la vie de ses enfants est entre ses mains.

Dieu utilise parfois notre partenaire pour nous tailler

Vous devez savoir que Dieu peut utiliser votre conjoint ou votre conjointe par tel ou tel comportement pour atteindre tel ou tel objectif en vous ; soit, une certaine maturité ou encore produire en vous certains fruits. L'on dit que le fer aiguise le fer ; eh bien, parfois Dieu utilise momentanément les mauvais comportements de notre conjoint ou conjointe pour briser et changer les nôtres. Parfois il utilise le cœur dur de l'autre pour adoucir le nôtre. Tout ceci dans le but de nous rendre meilleur, plus patient et plus doux… Nous pouvons traverser ou vivre une fournaise dans notre maison, mais pas pour nous détruire, au contraire, pour nous enseigner de bien vivre, de bien distinguer les causes des problèmes pour savoir l'éviter afin de mieux construire. Dieu poursuit un but en ses enfants, la Bible dit : « *jusqu'à ce que nous soyons tous parvenus à l'unité de la foi et de la connaissance du Fils de Dieu, à l'état d'homme fait, à la mesure de la stature parfaite de Christ* » (Éphésiens 4 :13). En dehors de sa parole, le Seigneur utilise tous les événements possibles pour nous enseigner et nous édifier. Pour ce faire, il ne passera pas par mille et une voies ou par ceux qui sont loin de nous, il utilise les plus proches. Parfois, quelqu'un manque d'humilité, Dieu créera des situations dans son couple pour qu'il ou qu'elle apprenne que le simple fait de se rabaisser peut régler un litige… La personne la plus proche d'un homme c'est sa femme et la personne la plus proche d'une femme c'est son mari ; s'ils vivent en paix ensemble, ils vivront également en paix avec eux-mêmes et avec les autres. S'ils se pardonnent mutuellement, ils pourront aussi facilement pardonner les autres et pardonner leurs enfants. S'ils se comportent bien ensemble et arrivent à surmonter les difficultés, ils pourront bien enseigner les autres et leurs enfants. Dieu fait tout pour un but ; même si vous ne comprenez rien, faites Dieu confiance et agissez seulement en conformité à sa parole.

CHAPITRE 7

« LE BOUCLIER DU MARIAGE »

Tout système ou tout réseau important dans le monde, développe obligatoirement un autre système ou réseau à part entière qui fonctionne uniquement dans le but d'assurer la protection en servant de bouclier. La planète terre par exemple dispose d'une atmosphère riche en oxygène et en azote qui favorisent la vie et la respiration de ses habitants. Cependant, cette atmosphère contient en même temps une très faible quantité d'ozone qui joue un rôle protecteur (un bouclier) contre tout rayon soleil nuisible : les ultraviolets.

Notamment dans le domaine informatique, depuis que l'Américain Frederik Cohen réalisa le premier programme ou logiciel considéré comme véritable virus des ordinateurs en 1983, capable d'infecter un autre ordinateur à base d'un simple fichier ; il en existe de nos jours toute une panoplie des virus nuisibles capables de plaquer toute la machine et de se transmettre. Cela est devenu le domaine de prédilection de plusieurs programmeurs. Pour se protéger de ces menaces, il faut avoir installé préalablement un ou plusieurs boucliers ; des programmes ou logiciels capables d'immuniser votre ordinateur ou de les supprimer. Sans cela, vous risquez de perdre non seulement votre ordinateur, mais aussi et surtout vos fichiers. De même que pour le mariage, l'Éternel Dieu savait que d'un moment à l'autre quelqu'un créera le virus du péché. Un virus nuisible pour le bien être de l'homme et de la femme. Du coup, il fallut en avance préparer et installer différents antivirus qui sont:

L'obéissance et la soumission à la Parole de Dieu

L'obéissance et la soumission à la parole de Dieu représentent un bouclier indestructible, inviolable et infranchissable de toute relation conjugale demeurant en Eden contre les manœuvres et les ruses du Diable. Adam et Eve étaient en sécurité dans le Jardin tant qu'ils gardaient et mettaient en pratique le commandement de

Dieu. Dieu leur faisait confiance et leur avait donné le programme ou le logiciel pouvant contrer les menaces du diable : l'obéissance. L'Éternel ne s'inquiétait pas de la présence de l'ennemi dans le jardin parce qu'il savait que l'homme et la femme avaient l'antivirus, en d'autres termes : la capacité de résister à l'ennemi et de le faire fuir. Le bien et le mal dans leur couple dépendaient de leur choix et de leur décision. Ils n'avaient qu'à faire le bon choix, celui de se soumettre aux limites fixées par leur créateur.

Se soumettre à Dieu est avant tout une preuve d'amour et de reconnaissance envers le Dieu créateur. Adam et Eve ne devaient pas oublier que s'ils existent c'est grâce à Dieu, s'ils vivent dans ce merveilleux jardin et ont tous les privilèges possibles c'est encore grâce lui. Rien qu'à cause de cela, ils devaient dire non à l'ennemi Satan. Dans Psaumes 50 :14 il est écrit : « *En sacrifice à l'Éternel offre la reconnaissance, et accomplis tes vœux envers le Très-Haut* ». L'observance de la loi de Dieu est un bouclier qui nous empêche de basculer et d'entrer sous l'autorité du diable. Quelle que soit la menace de l'ennemi et ses sollicitations, tant que nous nous maintenons dans la vérité de Dieu, il ne pourra rien nous faire. C'est pourquoi pour nous dominer, l'ennemi cherche d'abord à nous amener loin de la face de Dieu par la désobéissance parce qu'il sait que tant que nous sommes dans l'obéissance et la soumission à Dieu, il ne pourra rien nous faire. 1 Jean 5 :18 dit : « *Nous savons que quiconque est né de Dieu ne pèche point ; mais celui qui est né de Dieu se garde lui-même, et le malin ne le touche pas* ». Adam et Eve devaient se garder eux-mêmes en conservant jalousement les préceptes de vie de Dieu ; en le faisaient, l'ennemi n'avait aucune chance de les vaincre.

Nous en voyons clairement avec le Seigneur Jésus-Christ (Matthieu 4), après son baptême par Jean Baptiste dans le Jourdain ; l'ennemi a voulu jouer la même carte avec lui comme auparavant avec Adam et Eve. Mais grâce à son obéissance à son Père et sa détermination à se conformer à sa volonté, Christ au lieu d'être vaincu par Satan, il l'a vaincu et triomphé de lui. L'obéissance et la soumission à Dieu sont la clé pour vaincre le diable et c'est un bouclier pour résister à ses attaques et tentations. Si Christ a vaincu Satan, c'est parce que dès le départ jusqu'à la fin de sa mission, il n'avait qu'une seule chose en tête : faire la volonté de son Père. Dans Psaumes 40 :8-9 il écrit : « *Alors je dis : Voici, je viens avec le rouleau du livre écrit pour moi. Je veux faire ta volonté, mon Dieu ! Et ta loi est au fond de mon cœur* ». Psaumes 143 :10 : « *Enseigne-moi à faire ta volonté ! Car tu es mon Dieu. Que ton bon esprit me conduise sur la voie droite !* ». Hébreux 10 :9 : « *il dit ensuite : Voici, je viens pour faire ta volonté…* ». C'est ce qui était dans le cœur du Seigneur Jésus-Christ : faire la volonté de son Père. La loi de son Père était au fond de son cœur. Christ n'était pas influencé par les hommes, ni sa civilisation moins encore sa culture, ni sa famille, son père et sa mère… L'unique chose qui le motivait et le maintenait à sa place devant Dieu, c'était son obéissance et sa persévérance à honorer la loi divine de son Père.

Tout couple ou tout conjoint qui n'a pas à l'esprit ce noble principe, fera naufrage quant à la fidélité et à l'obéissance à Dieu. Il sera facilement influencé par les hommes, la culture, la famille, les parents, les amis, la chair… D'où, au lieu de vivre selon la volonté de Dieu, il vivra selon celle des hommes et du Diable. La réponse de Jésus à Satan : « *Tu adoreras le Seigneur, ton Dieu, et tu le serviras lui seul* ». (Matthieu 4 :10) ; la troisième séquence de sa tentation est un enseignement fondamental de tout couple et de tout conjoint. L'adoration et le service sont la fonction du couple vivant en Eden, celui qui adore Dieu doit de même le servir et vice-versa, l'un ne va pas sans l'autre. Tout couple qui veut avoir des jours heureux et merveilleux, qui veut vivre en sécurité et triomphe devant toutes les manœuvres du diable ne doit pas se soucier que d'une seule chose : de son obéissance à Dieu et, le diable ne pourra jamais le dominer. Ce couple doit être en mesure et capable de dire « NON » à l'ennemi et à ses manœuvres quelles que soient leurs apparences. Les deux conjoints doivent vivre pour Dieu et pour Lui seul : l'adorer et le servir. Les deux conjoints doivent savoir qu'ils ne doivent jamais vivre indépendamment de Dieu, de façon délibérée par manque de confiance, d'obéissance et de soumission à Dieu. Ils doivent éviter de compromettre leur étroite relation avec Dieu à cause des diverses tentations de l'ennemi.

L'une des clés principales du bouclier du mariage est aussi l'amour de Dieu qui doit prévaloir et être plus grand que celui de votre conjoint. Dieu est plus grand et plus important que votre conjoint, c'est lui qui fixe et qui doit fixer les règles et principes de conduite dans le couple et non le contraire. Si vous aimez plus votre partenaire que Dieu, vous serez tentés toutefois de le prioriser et de lui obéir plutôt que d'obéir à Dieu. Le pire est que si votre partenaire est faible dans l'obéissance de la parole de Dieu, au lieu de le ramener sur le bon chemin de la crainte de Dieu, vous risquerez de tomber avec lui.

Dieu appelle l'homme à aimer sa conjointe et vice-versa, à lui être fidèle, mais pas à lui être fanatique au point de suivre ses erreurs et sa désobéissance. Dans tous les couples, les deux conjoints ne sont jamais et ne peuvent jamais être au même niveau d'obéissance, de compréhension de la parole de Dieu et de soumission à cette parole. L'un sera toujours plus fort que l'autre, plus apte à obéir que l'autre ; bien que le souhait du Seigneur soit que les deux aient plus d'aptitudes à lui obéir. Cependant, dans tout le cas, ce que le Seigneur recherche, c'est que chacun sache qu'avant d'appartenir à l'autre, il ou elle appartient d'abord, avant tout et surtout à Dieu.

Lorsqu'Eve a péché, Adam n'était pas obligé de la suivre dans cette erreur, mais plutôt, il devait la redresser avec amour, afin de la ramener sur le droit chemin. Ceci honorerait Dieu en ce où Adam aurait refusé de désobéir à sa parole. Il devait dire à Eve : certes que je t'aime mais je ne peux pas te suivre sur ce chemin parce que Dieu l'a interdit ; repends-toi et demande pardon à Dieu pour ta désobéissance. C'est pour cette raison aussi que Dieu les avaient placés ensemble pour qu'ils veillent l'un sur l'autre afin de ne pas perdre vainement leur grâce (Colossiens 3 :16 ; 1 Thessaloniciens 5 :11 ; Hébreux 3 :13). Mais par amour, Adam à suivi Eve sa femme dans cette désobéissance et la colère de Dieu s'est éclatée sur eux et sur le monde entier. Au chapitre 3 :17, Dieu dit à l'homme : « ***Puisque tu as écouté la voix de ta femme***, *et que tu as mangé de l'arbre au sujet duquel je t'avais donné cet ordre : Tu n'en mangeras point ! Le sol sera maudit à cause de toi. C'est à force de peine que tu en tireras ta nourriture tous les* *jours de ta vie* ». Avant qu'Eve n'existe, Adam était déjà là ; il bénéficia des moments particuliers de communion avec Dieu. Dieu lui avait confié sa volonté et qu'à son tour il devait la transmettre à sa femme. Mais lui, il devait toutefois en montrer l'exemple. La femme était venue après, mais Dieu était là avant. C'est à Dieu qu'il devait se soumettre et non à la femme, au contraire, c'est la femme qui devait se soumettre à lui parce que c'est lui qui devait montrer le chemin et l'exemple. L'amour ne devait pas être aveugle au point de le conduire à la désobéissance à son Dieu. A ce moment-là, peut-être que Dieu devait juste punir la femme.

Avant que vous ne connaissiez votre conjoint, vous viviez déjà grâce à Dieu ; avant qu'il ou elle vous aime, Dieu vous a déjà tant aimé (Jean 3 :16) ; avant que vos chemins ne se croisent, vous connaissiez déjà Dieu et sa volonté. Donc, vous ne pouvez pas laisser Dieu, et lui être rebelle à cause de quelqu'un qui surgi dans votre vie. Au contraire, ce que vous avez appris de Dieu, vous devriez l'appliquer et le partager avec votre conjoint. S'il est encore gloire à Dieu, mais dans le cas contraire, il vous faut poursuivre seul votre marche dans crainte de Dieu. Ce n'est pas l'amour qui vous dirige, mais c'est Dieu qui dirige votre vie et votre amour.

« *Puisque tu as écouté la voix de ta femme* », mon frère, ma sœur, bien que c'est grâce à Dieu que vous avez trouvé ce conjoint, sachez que vous vivez d'abord et avant tout pour Dieu et que c'est lui seul que vous devez honorer en premier. L'Éternel est un Dieu jaloux qui ne donne pas gloire à un autre, ni son honneur aux idoles (Exode 20 :5 ; Deutéronome 6 :15 ; Esaïe 42 :8). Dieu a reproché à Adam d'avoir écouté la voix de sa femme plutôt que celle de Dieu. Cela n'a pas changé pour tout le couple. Vous ne devriez jamais écouter la voix de votre conjoint, si ce dernier ou cette dernière veut vous poussez dans la désobéissance et la rébellion à Dieu. Si Ananias et Saphira avaient seulement choisi de dire la vérité à Dieu, ils ne seraient pas morts (Actes 5 :1-11) mais l'un comme l'autre avait préféré suivre le mauvais conseil de son conjoint.

Votre conjoint n'est pas votre Dieu pour que vous puissiez le suivre et lui plaire à chaque fois. Ce n'est qu'à Dieu qu'on ne dit jamais « Non » mais aux hommes, on doit le faire lorsqu'il le faut. Si parce que vous préférez honorer Dieu que votre conjoint préfère vous quitter, alors tant mieux, Dieu vous donnera un autre mais vous, tâchez de tenir bon et de ramener l'autre avec amour et douceur. J'ai béni Dieu pour l'épouse qu'il m'avait donnée, je reconnais que si elle ne craindrait pas Dieu et ne l'aimait pas plus que moi, l'on serait plusieurs fois tomber dans le péché, car dans notre parcours de fiançailles, plusieurs fois j'ai fallu perdre de contrôle et cherché à glisser, mais à cause de sa crainte de Dieu et ce grand amour qu'elle avait pour lui, elle me ramenait toujours dans le droit chemin jusqu'au jour de notre mariage.

Ne demandez pas à Dieu une femme qui vous aimera très fort, mais demandez-lui plutôt celle qui aime plus Dieu que vous. Puisque l'amour humain n'est pas une garantie de confiance, de fidélité et de sécurité. De même, ne demandez pas un homme qui vous aimera, mais celui qui aime Dieu plus que vous. Ça sera votre garantie, votre sécurité et votre assurance. Quand vous manquerez de force, il ou elle vous aidera à maintenir l'allure dans la marche avec Dieu. Il ou elle ne vous fera pas du mal et ne vous trompera pas non seulement parce qu'il ou elle vous aime, mais plutôt et surtout parce qu'il craint son Dieu. C'était ma prière ; quand j'ai connu le Seigneur, j'ai coupé tout lien d'avec le monde, mais je savais qu'un jour je devais me marier ; à cet effet, j'avais fait une liste des qualités que je rêvais trouver chez ma femme. L'un des points était que ma femme devait aimer Dieu plus que moi, car peut-être me disais-je qu'il arrivera que je manque de force et que je cherche à pécher, et que cette dernière serait à mesure de me ramener dans la bonne voie. Et Dieu exauça ma prière. La plus grande faiblesse de l'homme, ce sont ses désirs et ses passions ; et si Dieu n'occupe pas toute la place en vous et si vous n'avez personne à coté de vous pour vous dire : « non, c'est un péché », croyez-moi, vous basculerez de l'autre côté. La Bible dit : « *Deux valent mieux qu'un, parce qu'ils retirent un bon salaire de leur travail. Car s'ils tombent, l'un relève son compagnon ; mais malheur à celui qui est seul et qui tombe, sans avoir un second pour le relever ! De même, si deux couchent ensemble, ils auront chaud ; mais celui qui est seul, comment aura-t-il chaud ? Et si quelqu'un est plus fort qu'un seul, les deux peuvent lui résister ; et la corde à trois fils ne se rompt pas facilement* ». (Ecclésiaste 4 :9-12). Deux valent mieux, c'est pourquoi si vous craignez Dieu, cherchez celui ou celle qui le craint encore mieux que vous. Une personne qui ne vous suivra pas dans votre bêtise mais qui aura l'audace de vous résister et de vous arrêter pour la gloire de Dieu.

Lorsque l'Éternel communiqua la loi à Moïse, il donna comme premier commandement : « *Tu n'auras pas d'autres dieux devant ma face* » (Exode 20 :3). Personne d'autre et aucune autre chose ne peut prendre la place qui est due à Dieu dans votre cœur. Même pas votre épouse ou votre mari. La place de Dieu et son amour ne doivent être rivalisés par quoique que ce soit. La Bible dit dans Matthieu 22 : 36-37 : « *Tu aimeras le Seigneur, ton Dieu, de tout ton cœur, de toute ton âme, et de toute ta pensée* ». C'est Dieu seul que vous devait aimer de tout votre cœur, mais vous devez aimer votre conjoint comme vous même.

L'amour engendre la soumission. Plus vous aimer votre femme ou votre mari, plus vous vous soumettrez à lui. L'amour est la base de tout, sans lui, pas de relation saine et équilibrée. Dieu nous a sauvés par le don de son Fils unique comme sacrifice expiatoire parce qu'il nous aime. Christ a supporté les supplices, enduré l'épreuve, et bravé la crucifixion de la croix tout simplement parce qu'il nous aime. L'amour de Dieu est tellement grand pour les humains qu'il n'a pas hésité de prendre tous les risques nécessaires pour notre salut, pour notre justification et notre rédemption. De même, un homme ou une femme qui a un grand amour pour Dieu, sera prêt à braver et à perdre tout ce qu'il faut pour privilégier sa relation d'avec son Sauveur. L'amour est à la base de l'obéissance. Tous les pasteurs, les évangélistes, les missionnaires qui parcourent le monde pour annoncer la bonne nouvelle du salut en Jésus-Christ, les font par amour. Ils prennent des risques, abandonnent leur famille, leur pays, leur maisons etc. pour aller annoncer l'évangile aux inconnus dans des conditions parfois déplorables. C'est par amour qu'ils les font. Sans l'amour, pas d'obéissance, pas de soumission et pas de risque pour qui que ce soit.

L'amour pour Dieu produit également la paix. Si vous savez que votre conjoint craint Dieu et l'aime plus que vous et qu'il est aussi prêt à traiter durement son corps et le tenir assujetti pour honorer son Dieu (1Corinthiens 9 :27) ; vous aurez la conscience et les pensées tranquilles. Vous ne serez jamais jaloux et la confiance envers votre conjoint viendra naturellement parce que vous saviez qu'il craint Dieu d'abord et l'honore. Cela vous donnera la paix et la tranquillité.

Certaines personnes pensent qu'en aimant leur conjoint si fort et d'une manière un peu plus exagérée, est une façon de préserver leur relation des quêteurs du dehors et d'empêcher son conjoint d'aller voir à l'ailleurs. Ils font tout leur possible, voir même au-delà du possible pour le garder prêt d'eux. Ils font tout pour veiller sur leur relation et leur conjoint. Selon eux, pour avoir toujours son conjoint prêt de soi, il faut le gâter avec toute sorte de cadeaux, de trucs spéciaux et une attention surdimensionnée…Il n'est pas du tout mauvais en soi de faire toutes ces choses, elles sont au contraire nécessaires et importantes. Mais à elles seules, ces choses ne peuvent ni veiller ni sauvegarder votre conjoint auprès de vous. La Bible ne dit-elle pas : « … *Si l'Éternel ne garde la ville, celui qui la garde veille en vain* ». (Psaumes 127 :1). Ce ne sont pas ce que vous donnez ou ce que vous faites à votre conjoint qui pourra faire en sorte qu'il reste et demeure avec vous ; plus encore, qui peuvent protéger votre relation. Vous devriez savoir que pour un homme ou une femme qui craint le Seigneur, qui l'honore et l'aime en premier lieu plus qu'aucune autres chose, c'est Dieu au contraire qui fait et qui fera en sorte que son conjoint reste attaché à son fils ou à sa fille. C'est également le Seigneur qui empêchera les quêteurs de venir fouler le désordre ou de prendre celle ou celui qui est destiné à son enfant. Pendant nos fiançailles avec mon épouse, j'étais encore à l'école en formation théologique lorsqu'un monsieur est venu auprès d'elle pour la solliciter pour son fils. Ce monsieur avait un fils pour qui il souhaitait que Merveille épouse. Elle lui a dit qu'elle avait déjà quelqu'un. Le monsieur n'était pas trop convaincu. Le lendemain, il est revenu voir ma fiancée et lui a dit : Je t'ai rêvée ma fille, tu te marié avec un pasteur, il avait leur habit de pasteur avec le col pastoral et toi tu étais bien habillée en robe de mariage. Mon épouse lui a répondu, effectivement mon fiancé est pasteur. Le monsieur lui a répondu : je crois maintenant ; je ne viendrai plus te déranger, vous allez vous marier. Dans mon cœur, j'ai toujours su qu'en dehors de tout ce qui est à mon pouvoir, l'unique personne qui peut véritablement faire que notre relation existe pour toujours : c'est Dieu. J'ai le vu de mes propres yeux, si le Seigneur ne veillait pas sur notre couple, dès nos fiançailles, l'on se serait longtemps séparé puisque des plus forts que moi voulaient prendre ma femme.

Pendant le séjour d'Abraham en Égypte et à Guérar, les rois de ces territoires prirent Sara pour leur épouse, mais Dieu les menaça tous de mort et ils remirent Sara à Abraham (Genèse 12 :14-20 ; 20 : 1-17). Si l'Éternel n'était le gardien de cette relation, Abraham n'allait plus jamais revoir sa femme. Sachez compter sur Dieu pour votre couple, car Il est fidèle.

La parole de Dieu et la prière

Le grand roi David, homme avisé et un des grands serviteurs de l'Éternel a dit un jour à son fils Salomon : « *Et toi, Salomon, mon fils, connais le Dieu de ton père…* » (1 Chroniques 28 :9). Dieu avait choisi Salomon de préférence à son père David pour bâtir son Temple qui devait servir de sanctuaire en Israël. De même qu'il vous a aussi choisi pour former un couple saint qui sert de sanctuaire pour sa gloire. Mais pour bien mener cette entreprise, le roi David recommanda à son fils de connaitre préalablement le Dieu de son père.

L'on ne sert pas Dieu à notre façon comme l'on prépare nos repas dans notre cuisine ; l'on mélange les épices à notre manière et une fois le repas est cuit, l'on vient le lui présenter sur la table ; Dieu n'en mangera pas. Il mangera ce que nous avons préparé bien sûr mais uniquement à sa manière. Et pour connaître les préférences de Dieu, il faut le connaitre et pour le connaitre, il faut être en contact avec sa parole immuable : La Bible. C'est là que nous trouverons les recettes de Dieu, mais surtout les manières selon lesquelles Il les aime.

Construire un couple aux critères des hommes, c'est très rapide, très simple et moins coûteux ; mais en bâtir à la manière de Dieu, prend du temps et c'est très difficile. Parce qu'avant d'édifier le couple, Dieu édifie d'abord chaque personne en aparté. Il les brise, les façonne, les case, les reconstruit, les démonte, les remonte, les soude, les colle, les chauffe, les refroidit, les brûle, les jette, les enterre et les ressuscite ; tout ceci dans le but de faire de ces derniers des instruments utiles vivants selon volonté de

Dieu au sein du couple. Autrement, c'est compliqué de tenir suivant la volonté de Dieu. La formation d'un couple perspicace passe avant tout par la connaissance de la parole de Dieu ainsi que par la transformation et la capacité que donne le Saint-Esprit pour mettre en pratique cette parole. Les deux conjoints doivent avant tout connaitre la parole de Dieu et sa volonté pour eux afin de pouvoir être efficace dans la marche avec lui. De la même manière que chacun connait son « nom », c'est de cette manière aussi que chacun doit connaitre la parole de Dieu ou du moins sa volonté dans le mariage. Sinon, il n'y aura que frustrations de part et d'autre.

La maison peut vous appartenir, mais si vous voulez qu'elle mette du temps et soit debout à jamais, il faut la construire selon les règles de l'art prescrites par l'architecte. Si vous vous obstinez sous prétexte que c'est votre propre maison et la bâtissez suivant vos pensées, vous le regretterez un jour. En matière de couple, c'est pareil. Si vous sous-estimer la parole de Dieu et sa mise en pratique, vous le regretterez. De même que la fondation bien que certaine fois cachée mais tient toute la maison, de même Dieu, bien qu'invisible dans la plupart des cas, mais tient debout tout le couple par sa parole.

Avant de lire tous les autres ouvrages ou romans sur l'amour, la relation conjugale… Il vous faut d'abord lire, comprendre et maitriser la parole de Dieu à ce sujet. Nombreux se lancent directement dans la lecture de grands ouvrages philosophiques, scientifiques, romantiques, littéraires et autres qui ne sont peut-être pas mal en soi pourvu que l'on sache en faire usage selon Dieu, mais ne prenne jamais suffisamment du temps pour chercher à connaitre la source de toute sagesse, de toute connaissance et de toute science : la Bible. Surtout sur des questions aussi sensibles que celle de l'amour. Ils ont la tête bien remplie mais pas par l'essentiel, du coût, ils sont léger quant à la véritable connaissance. Le couple est le véritable fondement d'une nation. Si nous voulons avoir une nation solide demain, nous devons avoir des couples solides aujourd'hui. Cela n'est possible qu'avec la connaissance et la mise en pratique de la parole de Dieu. Réussir un couple, c'est réussir toute une vie et toute une génération.

L'apôtre Paul disait aux Corinthiens au chapitre 3 : v.10-11 : « *Selon la grâce de Dieu qui m'a été donnée, j'ai posé le fondement comme un sage architecte, et un autre bâtit dessus. Mais que chacun prenne garde à la manière dont il bâtit dessus. Car personne ne peut poser un autre fondement que celui qui a été posé, savoir Jésus-Christ* ». Jésus-Christ est le fondement de toute vie chrétienne et de tout couple mais dans les deux cas, pour mieux avancer et mieux bâtir sur ce fondement, vous devez obligatoirement connaitre sa parole, son mode d'emploi. Aller à l'église ne suffit pas, avoir un pasteur qui vous suit ne suffit pas non plus ; faire des formations sur le mariage sont utiles, mais ne suffisent pas aussi ; vous devriez vous-même et par vous-même connaitre la parole de Dieu, recherchez la volonté de Dieu pour votre vie, pour votre conjoint et pour votre couple, car ce que l'on retient mieux très souvent c'est ce que l'on découvre par soi-même.

Croyez-moi, la route sera longue et si vous n'avez pas de provision et de quoi recharger votre réservoir, vous risquerez de ne pas arriver à destination. Vous feriez peut-être un long parcours mais vous vous arrêterez en chemin ou soit vous arriveriez à la fin, mais pas selon le Seigneur. C'est pourquoi, prenez le temps de vous arrêter afin de lire et de relire la Bible, afin de la comprendre et de la connaitre par cœur. Prenez également le temps de demander à Dieu de vous aider à mettre en pratique ce que vous lisez. Laissez-vous transformer par la vie et la sagesse que procure la Bible à ceux qui viennent humblement à elle. Vous ne le regretterez jamais. Quand vous prenez le temps de vous arrêter pour rechercher la connaissance divine et parfaite, Dieu se lève et va devant vous pour vous préparer de jours meilleurs. C'est ce qui se passait dans le désert quand Israël campait ou se levait pour partir d'après l'ordre de l'Éternel. Le Dieu Très-Haut le précédait pour lui préparer un lieu de repos. Nombres 10 :33 : « *Ils partirent de la montagne de l'Éternel, et marchèrent trois jours ; l'arche de l'alliance de l'Éternel partit devant eux, et fit une marche de trois jours, pour leur chercher un lieu de repos* ». Dieu vous préparera des jours heureux dans votre mariage si vous prenez le temps de le connaitre suffisamment. Avant que vous ne puissiez poser le pied sur le chemin de votre union, l'Éternel en posera d'abord pour écraser toutes les épines susceptibles de crever vos roues. Ça ne sert pas de courir ou de vite marcher, si vous ne connaissez pas encore la parole de Dieu, sa volonté sur tel ou tel domaine.

Il est écrit dans Ecclésiaste 9 : 11 « *J'ai encore vu sous le soleil que la course n'est point aux agiles ni la guerre aux vaillants, ni le pain aux sages, ni la richesse aux intelligents, ni la faveur aux savants ; car tout dépend pour eux du temps et des circonstances* ». La bonne nouvelle est que c'est Dieu, qui est Maître des temps et des circonstances nous dit Daniel 2 :21. Apprenez auprès du plus grand pédagogue que le monde n'ai jamais connu ; apprenez les vertus de la vie, la science des mystères cachés, les merveilles infinies et profondes de Dieu. Rechargez-vous de la puissance que donne le Saint-Esprit pour être en mesure de braver les intempéries à venir. Seule la force de Dieu, sa puissance et sa parole vous permettra de tenir ferme dans les mauvais jours qui tomberont sur vous, dans votre couple sans vous avoir averti. Il y aura des moments et des situations difficiles et compliquées qui viendront dans l'unique but de déstabiliser votre union. L'ennemi cherchera à exploiter le maillon le plus faible soit l'homme, soit la femme, voir même les enfants ou la famille sans compter les amis et vos défauts… la parole de Dieu vous permettra de tout surmonter ; elle vous donnera une maitrise de soi hors du commun, une intelligence surnaturelle et un pouvoir et une autorité extraordinaire afin que vous soyez en mesure de maitriser même les situations qui sont au-delà du supportable. La parole de Dieu nous maintient dans une attitude, dans un état et dans un comportement de la crainte de Dieu en toute circonstance. Devant n'importe quelle situation ou décision, la parole de Dieu revient dans notre esprit pour nous indiquer le bon choix à faire selon Dieu et pour la gloire de Dieu. C'est pourquoi vous devez la connaitre. J'ai connu des moments et des situations difficiles dans mon couple, si je ne connaissais pas la parole de Dieu au fond de mon cœur, j'allais prendre des mauvaises décisions et faire montre de mauvaises réactions. Si vous lisez constamment la Bible, ses écrits ne seront plus des simples lettres écrites noir sur blanc à vos yeux. Elle viendra s'implanter dans votre cœur comme une semence spirituelle et fera corps avec vous. Vous vous sentiriez dans la Bible et la Bible en vous. Vous ne serez plus un simple homme ou une simple femme, mais un être spirituel doté de la partie de Dieu. L'Esprit de Dieu vous fera nager dans le surnaturel et sur terre, vous y serez, mais tout votre être sera avec Dieu dans la gloire (Colossiens 3 :1-4). En plus, la parole de Dieu vous aidera à bien prier. La prière, grâce à la parole de Dieu, ne sera pas un lourd fardeau mais plutôt un plaisir d'être et de converser avec le Dieu Vivant. Cela ne sera pas des mots déplacés ou légers qui ne viennent pas du cœur, mais une conversation sainte dans une pleine assurance de foi et d'adoration.

CHAPITRE 8

LE BON CLIMAT DU MARIAGE

L'union conjugale demande et exige un certain type de climat ; à cet effet, il est judicieux que les deux conjoints conjuguent des efforts dans le but, non seulement de créer ce climat mais aussi de le sauvegarder et de le préserver. Dans Proverbes 17 :1 la Bible déclare : « *Mieux vaut un morceau de pain sec, avec la paix, qu'une maison pleine de viandes, avec des querelles*». Dans un foyer, dans une maison, un climat de paix et de tranquillité au sein du couple vaut mieux que toutes les autres choses. Cependant, l'obtention de cette paix ou de cette tranquillité n'est pas et ne sera pas le fruit du hasard mais plutôt d'une volonté et d'un désir manifesté. C'est l'effort et le travail de tout le jour et de chaque conjoint. Il est préférable de manquer de paix au travail ou dans un quelconque milieu que dans sa propre maison. Mais vous devez savoir que la paix se crée, se recherche, se trouve et se maintien. Dans Hébreux 12 :14 est écrit : « *Recherchez la paix…*», c'est l'élément majeur d'une relation conjugale, car grâce à elle l'union peut subsister à jamais et sans elle, elle peut se fondre à jamais.

D'ailleurs, là où il y a de l'agitation, de la pagaille et des querelles, personne n'aime y rester même pas les animaux. Tout le monde aura tendance à quitter afin de trouver un lieu de repos, un endroit où même s'il ne mange pas bien, mais il est en paix, en sécurité et en toute tranquillité. En sus, l'Esprit de Dieu qui est un Saint Esprit, ne peut demeurer là où il y a de temps en temps des contradictions, des querelles, des injures, des combats, du manque d'humilité…

Une atmosphère de paix dans le couple ne tombe pas du ciel, mais elle est la conséquence d'une certaine volonté et d'un certain comportement exercé à priori de part et d'autre de chaque conjoint. C'est une suite logique d'une bonne attitude et de la mise en pratique des astuces susceptibles de créer et de maintenir ce bon climat. Il suffit d'un rien pour qu'il y ait paix et il suffit d'un rien pour qu'il y ait aussi querelle, tout dépend de ce l'on veut, de ce l'on dit et de ce que l'on fait vis-à-vis de l'autre.

Chacun contribue à la construction ou à la destruction de cette paix, de ce climat paisible dans le foyer. Certaines choses dépendent de Dieu mais d'autres dépendent de vous. Il y a des choses à faire et d'autres à éviter dans le couple afin de ne pas léser son compagnon et ouvrir la porte à l'ennemi qui vient de semer la zizanie. Certes que c'est Dieu qui bâtit et qui doit bâtir notre couple, mais vous devez savoir qu'il ne le fera qu'à mesure où vous vous êtes de bons serviteurs et de bons ouvriers puisqu'il travaille à travers et avec vous. Pour ce faire, il vous a non seulement montrés la direction à prendre mais aussi et surtout le comportement et l'attitude à avoir l'un envers l'autre. Parmi des efforts à fournir pour trouver et maintenir un climat de paix et de tranquillité, la Bible enseigne :

Les relations sexuelles

Le sexe est une source de plaisir, de joie, de satisfaction, de reproduction, de bonheur et de fête dans le couple. Il fait partie des différentes raisons principales du mariage ; l'écarter ou sous-estimer son importance dans la vie conjugale, revient à chercher volontiers l'instabilité et le déséquilibre dans le couple. Un couple mur connait l'importance du sexe et en profite pleinement, mais un couple immature, en ignore les biens faits et l'importance et se retrouve très vite dans des conflits et des tensions banales qu'il pourrait facilement éviter en étant une seule chair.

Grâce à la relation sexuelle, un couple peut s'ajuster et trouver un équilibre émotionnel et psychologique. Les rapports sexuels peuvent être la cause des problèmes dans le couple, mais en même temps un moyen de les solutionner. Le désir sexuel n'est pas mal en soi, au contraire c'est un désir naturel créé et voulu par Dieu lui-même ; c'est dans ce cadre qu'il a fait l'union conjugale pour également satisfaire ce désir uniquement avec la personne aimée et choisi devant Dieu et devant les hommes. C'est dans le cadre du mariage que les conjoints doivent et peuvent satisfaire réciproquement leurs désirs et besoins sexuels. Seulement il arrive que ce qui devait être une source de joie, de plaisir et de satisfaction se transforme en une source de frustration, de tristesse, de colère et de querelles en ce sens où l'un en prive l'autre ou que l'un se comporte d'une telle ou telle manière et cela suscite des litiges dans le foyer. Pour remonter la pente, il suffit de s'interroger : Que dit la Bible à ce propos ? Pour ce faire, les deux conjoints doivent ensemble chercher les réponses dans les Saintes-Ecritures Dieu.

Dans sa parole, Dieu nous donne des réponses sur ce qu'est le rapport sexuel et sur la manière selon laquelle il doit se passer. Dans 1 Corinthiens 7 :1-5, l'apôtre Paul écrit : « *Pour ce qui concerne les choses dont vous m'avez écrit, je pense qu'il est bon pour l'homme de ne point toucher de femme. Toutefois, pour éviter l'impudicité, que chacun ait sa femme, et que chaque femme ait son mari. Que le mari rende à sa femme ce qu'il lui doit, et que la femme agisse de même envers son mari. La femme n'a pas autorité sur son propre corps, mais c'est le mari ; et pareillement, le mari n'a pas autorité sur son propre corps, mais c'est la femme. Ne vous privez point l'un de l'autre, si ce n'est d'un commun accord pour un temps, afin de vaquer à la prière ; puis retournez ensemble de peur que Satan ne vous tente par votre incontinence*». Ce texte pose les bases de la gestion de la relation sexuelle dans le couple. Bien que les relations sexuelles sont normales, mais elles doivent avoir lieu avec sa femme et son mari exclusivement. L'apôtre parle de la monogamie absolue, exclusive et définitive : « *Que chacun ait sa femme et chaque femme ait son mari* ». L'apôtre, par cette monogamie exclut l'amour libre et certaines relations extraconjugales admises par les Grecs et les Romains. Dans ce mariage monogamique, le corps de la femme appartient à son mari et celui du mari à sa femme. En d'autres termes, la femme doit se donner à son mari quand ce dernier a besoin d'elle et vice-versa, afin d'éviter l'impureté sexuelle (la prostitution). C'est une relation à valeur égale, personne ne doit dominer mais en même temps personne ne doit s'en abstenir. Point de place pour l'égoïsme et l'intérêt propre, mais tout pour l'autre. Sinon, l'on risque de se faire piéger par Satan et de tomber dans l'infidélité et l'adultère. A ce propos, l'adultère n'est pas toujours physique, elle peut-être aussi être spirituelle et émotionnelle. Certaines femmes et certains hommes n'ont jamais trompés leurs conjoints physiquement, mais ils l'ont fait plusieurs fois spirituellement et émotionnellement à cause de privation de leur conjoint. Le Seigneur Jésus a dit dans Matthieu 5 : 27-28 : « *Vous avez appris qu'il a été dit : Tu ne commettras point d'adultère. Mais moi, je vous dis que quiconque regarde une femme pour la convoiter a déjà commis un adultère avec elle dans son cœur* ». Le rapport sexuel dans le couple préserve du péché.

L'apôtre Paul reconnait dans son épitre aux corinthiens la puissance de l'instinct sexuel qui peut nous pousser à l'impureté, s'il est mal canalisé. Pour éviter cela et préserver le couple : le mari doit protéger sa femme en se donnant à elle pour satisfaire ses appétits sexuels : de même la femme doit faire pareillement pour son mari. Il y a des femmes ou des maris qui disent à leurs conjoints : « *J'en ai pas besoin, j'en ai pas envie…*» Au moment où son conjoint en a besoin, eh bien vous péchez aux yeux de l'Éternel qui vous a mis ensemble afin que vous deveniez une seule chair et non une seule âme ou un seul esprit (Genèse 2 :24). « *Que le mari rende à sa femme ce qu'il lui doit, et que la femme agisse de même envers son mari* », le rapport sexuel est un dû, une responsabilité et un devoir de l'un envers l'autre. Certains hommes et certaines femmes méprisent le rapport sexuel comme s'il s'agissait d'une mauvaise chose tandis que la parole de Dieu déclare : « *Tout ce que Dieu a créé est bon, et rien ne doit être rejeté, pourvu qu'on le prenne avec actions de grâces, parce que tout est sanctifié par la parole de Dieu et la prière* » (1 Timothée 4 :4). L'union spirituelle s'accompagne de l'union physique et l'union physique s'accorde avec l'union spirituelle. L'un comme l'autre doit se rendre compte que personne sauf l'autre n'a de l'autorité sur son propre corps. Dans le cas contraire, il ne fallait pas se marier ; mais si l'on s'est marié, l'on doit aussi savoir que le mariage a ses privilèges bien sûr, mais a aussi ses contraintes, ses devoirs et ses obligations. Si vous avez reçu le don de chasteté, alors honorez-le jusqu'au bout et ne vous mariez pas puisque la Bible reconnait le célibat mais le vrai célibat. Mais si vous rencontrez des tentations plus fortes que vous et dont vous n'êtes pas de taille à supporter, et que vous avez opté pour le mariage, vous avez bien fait. Cependant, si vous privez votre mari ou votre femme sauf pour des raisons évoquées en 1 Corinthiens 7 :5, vous l'exposez à l'incontinence, au risque de la faire devenir adultère émotionnellement ou physiquement et Dieu vous en demandera des comptes car il a dit lui-même dans Malachie 2 :16 : « *Car je hais la répudiation, dit l'Éternel, le Dieu d'Israël, et celui qui couvre de violence son vêtement, dit l'Éternel des armées…* ». L'ascétisme n'est pas de Dieu ; d'ailleurs dans la foi chrétienne, l'on n'atteint pas un niveau élevé de spiritualité en se privant ou en privant l'autre du plaisir sexuel. Ce n'est pas la privation qui est le lien de la perfection mais la Bible déclare dans Colossiens 3 :14 : « *Mais par-dessus toutes ces choses revêtez-vous de l'amour, qui est le lien de la perfection* ». Et en dehors de l'amour, c'est le sacrifice suprême de Jésus à la croix qui nous amène tous à la perfection selon Hébreux 10 :14 : « *Car par une seule offrande, il a amené à la perfection pour toujours ceux qui sont sanctifiés* ». Nombreux exagèrent sous prétexte de prière et de sainteté en se privant à outrance sans se rendre compte qu'ils rendent leurs conjoints malheureux, soucieux et triste. La parole de Dieu nous encourage à rechercher le bien-être de l'autre et non notre propre intérêt. Dieu dans son amour a donné son Fils unique pour notre salut et notre justification (Jean 3 :16), et son Fils s'est donné par amour pour son épouse l'Église. Christ n'a pas cherché son intérêt à la croix mais plutôt le nôtre, et cela n'enlève en rien sa divinité. Il était parfaitement Dieu et parfaitement homme. Il a mangé avec des pécheurs, il a touché des pécheurs, il a parlé avec des pécheurs, mais cela n'a aucunement changé sa personnalité.

Cependant, l'homme ou la femme ne doit pas prôner ce texte dans un sens égoïste pour obliger son conjoint d'être avec lui pour satisfaire son propre désir. Le mystère même de l'acte sexuel est accompli dans ce sens qu'il ne donne une véritable satisfaction que lorsqu'il est exercé pour le bien-être de l'autre et représente un véritable don de soi à l'autre. Sans cela, il n'a pas sa raison d'être et ne procure aucune véritable satisfaction. Dans ce chapitre, l'apôtre a fait référence aux principes généraux, mais pas vraiment comme un ordre (1 Corinthiens 7 :6), compte-tenu des certaines exceptions ou situations pratiques et normales telles que : la fatigue, l'épuisement, la maladie, le repos, le temps de relâchement et des rafraîchissements… qui constituent certaines fois des raisons valables pour lesquelles nous pouvons éviter l'autre, mais dans un sens règlementaire du rythme normale du fonctionnement du couple, nous devons tout faire pour être ensemble afin de maintenir l'harmonie conjugale. Une distanciation imposée par l'un sans le consentement de l'autre créera des conflits soit interne ou en externe et forcement cela va disloquer l'harmonie au sein du couple.

D'ailleurs, il peut y arriver dans le couple que l'on observe un court temps de continence, un moment de distanciation sexuelle, mais dans l'harmonie et dans l'unité. Non parce qu'il y a un problème mais tout simplement parce que c'est un moment qui est arrivé dans le couple comme un temps de repos. Mais, si autrement, cela doit-être en avance décidé et voulu par les deux conjoints sans imposition préalable aucune, la Bible dit : « *d'un commun accord pour un temps* ». Mais pour en arriver là, il faut être préalablement né de nouveau et être disciple de Christ pour aspirer à vivre comme lui dans son mariage en comparaison de Christ avec l'Église. Rien ne peut lui obliger à se donner, mais il a fait par amour et pour l'intérêt de son épouse. La Bible dit que « *Christ a aimé l'Eglise et s'est livré lui-même pour elle, afin de la sanctifier par la parole, après l'avoir purifié par le baptême d'eau, afin de faire paraître devant lui cette Église glorieuse, sans tâche, ni ride, ni rien de semblable, mais sante et irrépréhensible* » (Ephésiens 5 :25-27). C'est le principe de se donner volontiers qui prône et que l'apôtre souligne. De même, tout véritable disciple de Jésus doit se résoudre en lui-même de se donner volontiers à son conjoint afin de le préserver de souillures de la chair, de l'âme et de la pensée.

Point ne besoin de tomber dans une sorte de dépendance sexuelle ou d'en être des activistes exagérés mais équilibrés qui peuvent aussi, si possible, s'en passer. La Bible nous appelle à dominer nos passions et désirs et de ne pas en être esclaves. C'est la raison pour laquelle plus loin, l'apôtre Paul ajoute aux versets 29-31 : « *Voici ce que je dis, frères, c'est que le temps est court ; que désormais ceux qui ont des femmes soient comme n'en ayant pas, ceux qui pleurent comme ne pleurant pas, ceux qui se réjouissent comme ne se réjouissant pas, ceux qui achètent comme ne possédant pas, et ceux qui usent du monde comme n'en usant pas, car la figure de ce monde passe* ».Les relations sexuelles sont nécessaires, mais elles ne sont pas l'unique raison de l'union conjugale. Elles occupent néanmoins, une place de choix dans le couple. Sous-estimer son importance équivaut à semer le vent quant à récolter la tempête dans le foyer ; elles représentent l'une des clés et l'un des piliers fondamentaux de la relation conjugale, pour ne pas dire le pilier principal.

Au verset 3 de son prologue, l'apôtre Paul écrit : « *Que le mari rende à sa femme ce qu'il lui doit, et que la femme agisse de même envers son mari* ». En voyant cette phrase de plus prêt en grec, le substantif traduit en français par « *devoir* » est le verbe grec : « *Ophéilomenen* » de « *Ophéilô* » qui a deux sens. Son premier sens fondamental et principal est pécuniaire (Luc 7 :40 :43 ; Philémon 18) : **la dette à payer obligatoirement**. Le Seigneur Jésus en donne un frappant exemple en Matthieu 18 :22-34, d'un homme qui devait dix mille talents au roi. Son premier sens représente la dette d'argent que nous devons à quelqu'un, celle dont nous avons l'obligation légale de payer sinon c'est la poursuite judiciaire ; où nous risquons de passer les restants de nos jours au cachot.

Son second sens est d'ordre général et ordinaire, approximativement de l'appel à prendre ses responsabilités et ses engagements, à faire face à ses devoirs moraux et d'éthiques vis-à-vis des autres et de la société ; surtout à honorer ses engagements conjugaux. Dans ce sens, il signifie : **devoir** ; **être débiteur** ; **être obligé** (Luc 17 :10 ; Jean 19 : 7 ; Romains 51 :1 ; 1 Corinthiens 11 :7 ; 2 Corinthiens 12 : 11 ; 2 Thessaloniciens 1 :3).C'est ce qu'évoque l'apôtre Paul dans Romains 13 :8, lorsqu'il dit : « *Ne devez rien à personne, si ce n'est de vous aimer les uns les autres ; car celui qui aime les autres a accompli la loi* ». Nous avons la responsabilité et le devoir de nous donner à l'autre, c'est notre dette envers lui ; et c'est un dû pour lui. C'est une obligation ; un devoir conjugal.

En plus, le verbe : « *Ophéilomenen* » dans le texte grec, est au participe présent passif, décliné en accusatif, c'est-à-dire en complément d'objet direct. Une forme verbale utilisant le participe présent qui permet d'exprimer la simultanéité de deux actions, et mettant le verbe au gérondif en situation de complément circonstanciel de manière, de cause, etc. Le couple doit vivre ensemble tout en étant une seule chair ; le contraire n'est pas souhaitable. Par-là, l'apôtre indique moralement la bonne manière de se comporter dans le mariage. D'ailleurs, en mettant le verbe au passif, l'apôtre Paul ne met pas l'accent sur celui ou celle qui va vers l'autre mais plutôt sur celui ou celle qui reçoit et qui doit recevoir l'autre. En d'autres termes, le conjoint désiré doit se laisser

« faire » par le désirant même si ce dernier n'en a pas envie ou n'en a pas besoin ; il doit recevoir l'autre : son mari ou sa femme, ce dernier ne doit pas résister mais plutôt céder à la demande et à la sollicitation de l'autre. En sus, en mettant ce verbe au participe présent, qui est un présent continu, l'apôtre souligne la continuité et la permanence de cette passivité. Cela doit durer non un jour ni même deux mais, pendant et durant toute la vie et pour toujours.

Le couple face au manque d'enfants

Le mariage est fondé sur l'amour mais un amour désintéressé et sur l'engagement des deux conjoints. Ni le bonheur ni le malheur ne peuvent disloquer la relation conjugale. Le choix et les promesses doivent être honorés jusqu'à ce que la mort ne vienne. Tout mariage chrétien est un mariage de famille : un chrétien épouse une chrétienne, un enfant de Dieu en épouse une autre. Les deux sont enfants de Dieu réunis dans l'alliance de Christ sous le sceau du Père dans la gloire, à cet effet, aucun enfant de Dieu dans ce cas n'a le droit, n'a l'audace moins encore le kilo de rejeter l'autre qui est sa sœur ou frère devant le Père ; même pas pour une affaire de procréation, de conception ou d'enfants. Cela serait synonyme de fouler aux pieds le sang de l'alliance versé sur mont Golgotha pour notre rachat, notre intronisation et notre adoption comme enfant de Dieu.

Aucune part dans la Bible il est écrit qu'Adam et Eve avaient des enfants avant la chute mais pourtant ce couple était au service de Dieu dans son saint temple, le sanctuaire d'Eden. On ne sait pas exactement combien des temps ont-ils passés dans ce sanctuaire sans même un bébé avant la chute. Mais ils vivaient heureux, dans la félicité paradisiaque en compagnie du Très-Haut. Leur joie provenait avant tout de leur privilège d'appartenir et de servir le Tout-autre ; du fait qu'ils avaient le meilleur des biens qui soit, à savoir : Dieu. Le Seigneur Dieu était la source intarissable de leur plaisir, de leur bonheur et de leur contentement.

Les enfants sont un merveilleux don qui puisse arriver à un couple, mais ils ne représentent pas l'unique condition de vivre ensemble pour un mariage. La Bible dit que les enfants sont simplement une récompense de la part de l'Éternel selon Psaumes

127 : 3 : « *Voici, des fils sont un héritage de l'Éternel, le fruit des entrailles est une récompense* ». Bien qu'ils soient d'une importance majeure et capitale, les enfants ne représentent en rien et en aucune manière la raison d'être d'une relation conjugale, mais plutôt une grâce de la part de l'Éternel. La chose la plus importante d'une relation conjugale est la mission, la responsabilité reçue de Dieu à accomplir. C'est Dieu qui, dans sa préscience choisit et rapproche les gens parfois même inconsciemment et indépendamment de leur volonté ; les mets ensemble pour atteindre son objectif. Ce qui compte le plus aux yeux de Dieu ;c'est la fidélité à la tâche, l'achèvement de la mission et de la responsabilité reçue.

En créant Adam et Eve, Dieu n'a pas créé en même temps les enfants mais en les bénissant il a dit : « *Soyez féconds, multipliez, remplissez la terre, et l'assujettissez…* » (Genèse 1 :28). Or, selon le texte cité en amont, les enfants viennent de Dieu lui-même ; si Dieu le veut il les donne et s'il ne veut pas, il ne donne pas. Mais dans les deux cas, Adam et Eve devaient continuer le premier travail pour lequel ils avaient été créés : adorer et servir Dieu. Un couple chrétien ne doit pas et ne devait pas s'inquiéter du problème d'enfants puisqu'ils viennent de Dieu. S'il vous en donne réjouissez-vous mais dans le cas contraire, remerciez-le et demeurez fidèle à Dieu en ayant des enfants ou pas. Dieu ne se trompe jamais, il sait toujours ce qu'il fait et fait toute chose parfaite en son temps. Si vous n'avez pas toujours d'enfants ne promenez pas des regards inquiets peut-être simplement que le temps n'est pas encore arrivé ou, soit que vous n'avez pas encore la maturité nécessaire sur la volonté de Dieu à propos de vos enfants.

Prenons le cas de Anne, elle était une fervente servante du Seigneur contrairement à sa rivale Peninna qui d'ailleurs avait plusieurs enfants et Anne n'en avait aucun. Mais le problème n'était pas au niveau de sa stérilité, mais sur la qualité des enfants qui devaient naitre au travers d'elle à une époque donnée, choisie et préparée par Dieu lui-même. Tout le monde n'est pas appelé à mettre au monde de la même manière, à la même période, à la même époque, moins encore les mêmes enfants. De la même manière que chaque personne est unique et à son histoire, c'est de cette même manière que chaque période, saison, temps et moment les sont également. Dieu peut caler la naissance de votre enfant au début, au milieu comme à la fin de votre vie pour une raison ou une autre, il est Dieu, Il sait tout. Anne se lamentait et Peninna la critiquait dangereusement, elle prodiguait à Anne des mortifications pour la porter à s'irriter contre l'Éternel. La Bible dit que c'est l'Éternel qui avait rendu Anne stérile (1 Samuel 1 :5). Quel contraste ! Lui qui dit et promet à Israël qu'« *il 'y aura dans ton pays ni femme qui avorte, ni femme stérile. Je remplirai le nombre de tes jours* » (Exode 23 :26 ; Deutéronome 7 :14). Y-a-t-il contradiction ? Loin de là, c'est que l'Éternel, selon ses projets, choisit et prépare des hommes et des femmes qui vont les réaliser, mais surtout selon son temps. La Bible déclare dans Galates 4 :4 : « *Mais lorsque les temps ont été accomplis, Dieu a envoyé son Fils, né d'une femme, né sous la loi* ». Pourtant le projet de l'envoie du Messie a commencé dès la Genèse 3 :15, il a été renforcé par les prophètes en passant par la loi de Moïse, mais il ne fut accompli qu'au 1er siècle de notre ère. L'Éternel avait calé un temps pour la naissance d'un enfant, mais un enfant pas comme les autres. Un enfant spécial : Le Christ, le Messie, qui devait naitre à un moment spécial, à une époque spéciale, à travers une femme choisie et préparée d'avance : **Marie.**

De même pour Anne, l'Éternel l'avait sélectionnée pour donner naissance à un enfant spécial, à un moment spécial, à une époque spéciale de l'histoire ; une époque où les hommes de Dieu en Israël ne remplissaient plus convenablement leur fonction de prêtre avec éthique et consécration. Ils ne montrent plus un bon exemple au peuple en ce qui concerne la crainte de l'Éternel et la glorification de son nom (1 Samuel 2 :12-17). Le sacrificateur Eli et ses enfants avaient compromis les services sacerdotaux. A cause de cela, Dieu voulait les remplacé par un homme plus obéissant et plus dévoué qu'eux, seulement cet homme devait grandir dans le temple de Dieu à Silo dès son enfance auprès du sacrificateur Eli afin d'apprendre les services du culte. Pour ce faire, ses parents ou sa mère devait être si soumisse et obéissante à Dieu au point de se priver de son enfant pour le consacre au service de Dieu à Silo auprès d'Eli. D'où, le choix d'Anne, une servante soumisse et obéissante à Dieu. Dieu a brisé Anne par la patience et l'épreuve, il l'a rendu soumisse par la souffrance.

C'est pourquoi, certaines fois si vous servez le Seigneur et que vous n'arrivez pas à concevoir, cherchez à comprendre et à connaitre la volonté du Seigneur en ce sujet ; vous y serez certaines fois étonné de voir combien est grande la préscience de Dieu ; et même si Dieu ne vous répond pas d'une manière subjective, sachez au moins qu'il sait ce qu'il fait puisque vous l'appartenez. En moins qu'il ait d'autres problèmes spirituels ou un combat spirituel à mener, dans ce cas, cherchez à prier avec d'autres frères et sœurs dans la foi ou avec les hommes de Dieu. Dans mon parcours ministériel, j'ai rencontré bien de cas compliqués en matière de procréation. A l'instar d'un couple chrétien dont la femme était pasteure, ils avaient des sérieux problèmes de conception et des biens des combats spirituels de part et d'autre de leur famille respective. Un jour je vais le rendre visite et nous avons médité sur les textes de 1 Rois 17 :8-16 et 2 Rois 4 : 8-16, comme le couple connaissez aussi que nous avions un problème de construction du hangar de l'église, pendant même la méditation de la parole, le mari entre dans la maison et ressort avec l'argent qu'il me donna en disant : c'est pour le hangar de l'église. Je n'avais même pas prié pour eux ce jour-là mais j'ai simplement dit : « *Nous sommes en Janvier, mais en février ta femme tombera enceinte et enfantera une fille* ». Quand je suis repassé chez eux en février, la femme était enceinte comme je l'avais déclaré par la foi. Comme pour le cas de la veuve de Sarepta et de la femme de distinction de Sunem qui était stérile, il suffit certaines fois d'une démonstration d'Esprit et de puissance afin que la foi soit fondée sur la puissance de Dieu (1 Corinthiens 2 :4-5).

Seulement, pour Anne, comme tout autre chrétien aujourd'hui, ne devinait pas et ne comprenait pas la réalité des choses pendant cette période. Elle ne pouvait comprendre et cerner les mystères cachés de Dieu : « que Dieu l'avait mise en réservation ». Gloire à Dieu, car souvent si nous ne pouvons comprendre et cerner la volonté de Dieu ; Dieu le produit lui-même dans notre cœur et oriente ainsi nos désirs, nos passions, nos sentiments et mêmes nos prières selon la direction de sa volonté. Dans Philippiens 2 :13-15 il est écrit : « *Car c'est Dieu qui produit en vous le vouloir et le faire, selon son bon plaisir. Faites toutes choses sans murmures ni hésitation, afin que vous soyez irréprochables et purs, des enfants de Dieu irrépréhensibles au milieu d'une génération perverse et corrompue, parmi laquelle vous brillez comme des flambeaux dans le monde»*. Le Seigneur va orienter Anne à prier selon sa volonté. Peut-être avant elle demander les enfants à Dieu pour faire plaisir à son mari ou prouver à sa rivale Peninna qu'elle aussi est une vraie femme mais elle ignorait la chose la plus importante : « le temps de Dieu et le plan de Dieu sur sa progéniture ». Nous le voyons dans sa prière car c'est l'unique prière de Anne mentionnée dans la Bible pourtant chaque année elle montait à Silo : « *Anne se leva, après que l'on eut mangé et bu à silo. Le sacrificateur Eli était assis sur un siège, près de l'un des poteaux du temple de l'Éternel. Et, l'amertume dans l'âme, elle pria l'Éternel et versa des pleurs. Elle fit un vœu, en disant : Éternel des armées ! Si tu daignes regarder l'affliction de ta servante, si tu te souviens de moi et n'oublies point ta servante, et si tu donnes à ta servante un enfant mâle, je le consacrerai à l'Éternel pour tous les jours de sa vie, et le rasoir ne passera point sur sa tête»* (1 Samuel 1 :9-11). Dans son plan, Dieu voulait remplacer Eli et ses deux fils par homme fidèle, consacré et attaché à lui (1 Samuel 2 :27-36). La Bible dit qu' « *au cours de l'année Anne devint enceinte, et elle enfanta un fils, qu'elle nomma Samuel, car, dit-elle, je l'ai demandé à l'Éternel* ». Après que l'enfant fut sevré, sa mère le consacra à l'Éternel à Silo, dans le temple sous le tuteur du sacrificateur Eli et quelques années plus tard, Samuel devint le plus grand sacrificateur en Israël (1 Samuel 1 :24 ; 2 :27-36). Mais Anne ignorait totalement ce plan de Dieu ; quand elle pensait être privé d'enfant, aux yeux de Dieu elle était qui était choisie, celle qui devait mettre au monde la lignée des hommes droits qui craignent l'Éternel en Israël, qui relève et réveille le grand Nom de YHWH devant son peuple.

Vous devriez savoir que vous n'êtes pas comme tout le monde et que votre couple n'a pas les mêmes objectifs que les autres devant l'Éternel. Ce que Dieu peut permettre aux uns, à vous, il peut l'interdire ou vous l'accorder à un moment inattendu mais plus propice que ce que vous souhaitez. Cependant, aussi longtemps que les enfants tardent, servez le Seigneur plus efficacement car qui sait peut-être le jour que Dieu vous donnera des enfants, vous n'aurez plus la même possibilité de faire ce que vous faites maintenant. Il est une bonne chose que d'avoir des enfants mais certaines fois, ils peuvent freiner l'œuvre de Dieu ou même la ralentir. Si Dieu vous en donne au début du mariage, après ou vers la fin, réjouissez-vous car s'il l'avait fait autrement, vous ne seriez peut-être pas au point où vous être arrivé spirituellement en ce moment, voire même intellectuellement et matériellement. Vous devriez savoir que tout ce que Dieu fait est bon et il le fait selon sa propre volonté et à son temps. Vous devriez également savoir que l'Éternel donne les enfants avec un but. Il ne suffit pas de remplir la terre dans le plaisir de la remplir mais plutôt pour un but et un objectif précis selon le calendrier de Dieu. Tout le monde n'est pas appelé à mettre au monde de la même manière que tout le monde n'est pas appelé à se marier. Mais pour ceux qui sont appelés à cette charge, Dieu attend des résultats positifs par rapport aux investissements qu'il a fait à chacun. Dans Josué 4 :21-24, il est écrit : « *Il dit aux enfants d'Israël : Lorsque vos enfants demanderont un jour à leurs pères : Que signifient ces pierres ? Vous en instruirez vos enfants, et vous direz : Israël a passé ce Jourdain à sec. Car l'Éternel, votre Dieu, a mis à sec devant vous les eaux du Jourdain jusqu'à ce que vous eussiez passé, comme l'Éternel, votre Dieu, l'avait fait à la mer Rouge, qu'il mit à sec devant nous jusqu'à ce que nous eussions passé, afin que tous les peuples de la terre sachent que la main de l'Éternel est puissante, et afin que vous ayez toujours la crainte de l'Éternel, votre Dieu* ».Israël avait le devoir de transmettre le témoignage des souvenirs de Dieu à ses enfants, et ces derniers devaient à leur tour le témoigner au monde. L'Éternel leur donnait des enfants dans l'objectif que demain qu'ils soient au service de Dieu mais aussi des porteurs de la bonne nouvelle aux nations. Chaque enfant est spécial, a sa mission et ses nombres d'années. Tout est planifié.

Généralement la pression vient des parents, parfois de l'entourage mais vous devriez savoir que Dieu a dit dans Genèse 2 : 24 : « *l'homme quittera son père et sa mère, et s'attachera à sa femme, et ils deviendront une seule chair*». Cela ne signifie pas que les mariés ne doivent plus honorer leurs parents (Exode 20 :12) ; mais souligne fortement la responsabilité, la complicité et la confidentialité qui n'incombent qu'au couple et dont les parents doivent respecter. Avant de s'attacher à sa femme, l'homme est d'abord très proche voir même attaché à sa mère, ensuite à son père et à ses frères et sœurs, mais c'est un attachement momentané et passagère au point de laisser un jour la place à un nouvel attachement plus complexe, permanent et fixe qu'il ne quittera plus jamais jusqu'à la fin de ses jours. Ce nouvel attachement fait entre l'homme dans une nouvelle phase de sa vie autre que celle de se parent biologique et dure pour toujours. L'homme et sa femme commencent une nouvelle vie d'ensemble, ils sont et demeurent l'unique responsable de leur relation et de leurs décisions ; les parents doivent comprendre cela et l'accepter. L'autorité de parent se limite à la porte du mariage mais à l'intérieur, c'est le couple qui règne en unique souverain et qui a pour guide la parole de Dieu. Dans la mesure du possible, les parents peuvent si nécessaire servir de motivateur pour encourager les enfants à faire et à accomplir la volonté de Dieu dans leur mariage mais n'ont pas le droit de séparer ce que Dieu a joint ou de leur rendre la vie difficile.

La douceur

La douceur est comme l'eau, elle peut éteindre le feu dans le mariage. Elle ne revendique pas la première place dans nos vies, ni même dans le couple mais la possédée est l'une des clés du bonheur et de la tranquillité dans le couple. Sous-estimer son utilité entrainera obligatoirement des glissements et des conflits. Dans Proverbes 16 :21-24 il est écrit : « *Celui qui est sage de cœur est appelé intelligent, et la douceur des lèvres augmente le savoir. La sagesse est une source de vie pour celui qui la possède ; et le châtiment des insensés, c'est la folie. Celui qui est sage de cœur manifeste la sagesse par sa bouche, et l'accroissement de son savoir paraît sur ses lèvres. Les paroles agréables sont un rayon de miel, douces pour l'âme et salutaire pour le corps* ». Dans Matthieu 21 :5 il est écrit : « *Dites à la fille de Sion : Voici, ton roi vient à toi, plein de douceur, et monté sur un âne, sur un ânon, le petit d'une ânesse* ».

Veiller sur son langage

La Bible déclare dans Psaumes 45 :2-3, qui est le chant d'amour des fils de Koré : « *Des paroles pleines de charme bouillonnent dans mon cœur. Je dis : Mon œuvre est pour le roi ! Que ma langue soit comme la plume d'un habile écrivain ! Tu es le plus beau des fils de l'homme, la grâce est répandue sur tes lèvres* ». Si vous voulez créer une atmosphère de joie, de fête et de paix, il faut que la grâce soit répandue sur vos lèvres et que les paroles pleines de charme bouillonnent dans votre cœur l'un pour l'autre. Il est très important pour cela, de contrôler et de veiller sur votre manière de communiquer et de s'exprimer envers l'autre, car une pensée quoique bonne en soi mais si elle est male exprimée peut engendrer des dégâts et des querelles inutiles; or, il ne faut pas que les serviteurs de Dieu aient des querelles (2 Timothée 2 :24).Il faut veiller sur sa langue afin de ne pas porter préjudice au bon climat qui doit régner dans le couple, afin d'éviter de glisser des choses destructrices dans le foyer.

Et, tout ceci a pour cause la langue. La Bible dit dans Jacques 3 :5-12 : « *De même, la langue est un petit membre, et elle se vante de grandes choses. Voici, comme un petit feu peut embraser une grande forêt ! La langue aussi est un feu ; c'est le monde de l'iniquité. La langue est placée parmi nos membres, souillant tout le corps, et enflammant le cours de la vie, étant elle-même enflammée par la géhenne. Toutes les espèces de bêtes et d'oiseaux, de reptiles et d'animaux marins, sont domptées et ont été domptés par la nature humaine ; mais la langue, aucun homme ne peut la dompter ; c'est un mal qu'on ne peut réprimer ; elle est pleine d'un venin mortel. Par elle nous bénissons le Seigneur notre Père, et par elle nous maudissons les hommes faits à l'image de Dieu. De la même bouche sortent la bénédiction et la malédiction. Il ne faut pas, mes frères, qu'il en soit ainsi. La source fait-elle jaillir par la même ouverture l'eau douce et l'eau amère ? Un figuier, mes frères, peut-il produire des olives, ou une vigne des figues ? De l'eau salée ne peut pas non plus produire de l'eau douce*».

Une langue non sanctifiée par le Saint-Esprit sera toujours source des blessures et des problèmes dans le couple. L'on dit que les mots sont des cartouches chargées, ils blessent et peuvent mêmes tuer. Un simple mot mal placé, une simple phrase non soignée peut ôter la joie et la paix dans la maison. D'où, il est souhaitable que si vous constatez cela et si vous savez que vous êtes de nature à blesser si facilement et que votre bouche n'est pas contrôlée par le Saint-Esprit, prenez le temps de prier et demander à Dieu de purifier votre langue. Ne sous-estimer pas cela car, elle peut être la source d'instabilité de votre couple. Dans Colossiens 4 :6, le Seigneur nous dit : « *Que votre parole soit toujours accompagnée de grâce, assaisonnée de sel, afin que vous sachiez comment il faut répondre à chacun* ». Il y a une manière de répondre à chacun, une bonne manière. De même, il y a plusieurs manières de répondre mais toutes ne sont pas bonnes, toutes ne contribuent pas à consolider et à l'affermir le couple. Le Seigneur nous donne la bonne manière de faire et de dire : les paroles doivent être agréables à entendre même si c'est un reproche mais elle doit être faite avec respect et considération de l'autre. Pour que cette bonne façon de faire soit nature en vous, vous devez comme le dit l'apôtre Paul aux Philippiens 2 : 3-4: « *Ne faites rien par esprit de parti ou par vaine gloire, mais que l'humilité vous fasse regarder les autres comme étant au-dessus de vous-mêmes. Que chacun de vous, au lieu de considérer ses propres intérêts, considère aussi ceux des autres* ». C'est la règle si l'on veut régler son langage vis-à-vis de l'autre : par humilité, considérez votre conjoint ou votre conjointe comme étant au-dessus de vous. En votre esprit, tâcher de le voir plus grand ou plus grande, plus important et plus spécial que vous ; ne le regarder pas comme un subalterne sinon vous le manquerez facilement de respect. Certaines femmes ou certains hommes se considèrent trop souvent plus grands, plus intelligents, plus spéciales, plus importants… que leurs partenaires, du coup, cela affecte leur langage et leur raisonnement. Au lieu de valoriser, de respecter, de traiter l'autre avec considération et estime, compte-tenu de cette mauvaise façon de voir l'autre comme étant au-dessous, automatiquement ces sont les mauvaises paroles qui viennent dans leurs bouches. Au lieu de se dire : si Dieu m'a donné cette femme ou cet homme, il sait que je n'ai le plus besoin et certainement il est ou elle est plus forte ou plus importante dans des domaines dont peut-être j'ignore mais Dieu le sait. Et, en l'honorant, j'honore Dieu qui fait ce précieux cadeau de ma vie. Un tel raisonnement, réorientera les choses dans la bonne direction. Souvenez-vous que la Bible dit : « *voyez l'autre comme étant au-dessus de vous* ». Dieu ne se trompe pas, il sait que sans cela, l'on ne pourra jamais parler naturellement à l'autre avec respect et estime. Même si vous avez plus des diplômes que l'autre, plus des moyens matériels et financiers… Tâchez de voir l'autre comme un mystère de Dieu, une créature merveilleuse, spéciale et unique en son genre. Cela donnera de la justesse à votre amour et à votre couple. Dans Malachie 3 :13, l'Éternel reprochait à son peuple d'avoir des paroles rudes contre lui.

Dieu peut changer votre conception de l'autre et votre manière de lui parler si vous le désirez vraiment, il peut changer votre langage et votre attitude, il suffit de lui demander par la prière et par la foi. Vous pouvez en parlez à votre pasteur ou aux frères de l'église pour qu'ils prient pour vous et croire que si Dieu l'a fait jadis pour les autres, il peut encore le faire maintenant pour vous. S'il l'a fait pour Esaïe, dans Esaïe 6 : 5-7, il est écrit : « *Alors je dis : Malheur à moi ! Je suis perdu, car je suis un homme dont les lèvres sont impures, j'habite au milieu d'un peuple dont les lèvres sont impures, et mes yeux ont vu le Roi, l'Éternel des armées. Mais l'un des séraphins vola vers moi, tenant à la main une pierre ardente, qu'il avait prise sur l'autel avec des pincettes. Il en toucha ma bouche, et dit : Ceci a touché tes lèvres ; ton iniquité est enlevée, et ton péché est expié* ». Et Esaïe 50 :4 : « *Seigneur, l'Eternel m'a donné une langue exercée, pour que je sache soutenir par la parole celui est abattu ; il éveille mon oreille, pour que j'écoute comme écoutent des disciples* ». Le Seigneur peut aussi le faire pour vous si vous vous repentez et confessez l'impureté de vos lèvres, si vous implorez sa miséricorde et sa purification.

Proverbes 18 :20-21 : « *C'est du fruit de sa bouche que l'homme rassasie son corps, c'est du produit de ses lèvres qu'il se rassasie. La mort et la vie sont au pouvoir de la langue ; quiconque l'aime en mangera les fruits* ». Tout a été créé par la parole, il suffit de dire quelque chose pour le voir arriver : le bien comme le mal. Ce que vous dite a une forte influence que ce que ce que vous faite. Vous pouvez combler votre épouse ou votre mari des biens mais si votre langage n'est pas soigné, votre partenaire sera toujours triste, déçue et décourager. C'est d'abord par les paroles que nous procurons de la joie et créant un état agréable et de satisfaction chez l'autre, c'est ce qui est d'ailleurs la meilleure chose car la Bible déclare : « *Un cœur joyeux est un bon remède, mais un esprit abattu dessèche les os* » Proverbes 17 :22.

Sachez parler à l'autre en toute humilité, simplicité de cœur et avec considération. Ne prenez pas un air de quelqu'un qui s'en fout de l'autre ; ne jeter pas des parole dures et blessantes à l'autre car vous-même vous n'aimeriez pas qu'on vous parle ainsi. Jésus a dit dans Matthieu 7 :12 : « *Tout ce que vous voulez que les hommes fassent pour vous, faites-le de même pour eux, car c'est la loi et les prophètes* ». Respectez votre conjoint ou conjointe parce que c'est ce que vous voulez que l'on fasse aussi pour vous. Même si c'est dure, retenez-vous car il est écrit dans Proverbes 17 : 27-28 : « *Celui qui retient ses paroles connaît la science, et celui à l'esprit calme est un homme intelligent. L'insensé même, quand il se tait, passe pour sage ; celui qui ferme ses lèvres est un homme intelligent »*. Quand vous êtes en colère, retenez-vous un moment et laissez d'abord passer cette colère ensuite parlez à l'autre tout en sachant qu' *« une réponse douce calme la fureur mais une parole dure excite la colère »* Proverbes 15 :1 ; *« L'inquiétude dans le cœur de l'homme l'abat, mais une bonne parole le réjouit »*.

CHAPITRE 9

L'ETERNEL A UN CONJOINT POUR VOUS

Très souvent nous nous posons des questions essentielles en ce qui concerne la manière de trouver un bon partenaire pour la vie. A ces questions, il en existe plusieurs suggestions très utiles d'ailleurs mais ici j'aimerais souligner un aspect très important que souvent nous en prenons pas en compte, un point capital à savoir : Dieu a déjà quelqu'un pour vous. Il arrive très souvent que l'on se tracasse drôlement et l'on s'inquiète à l'extrême pour ce qui est du choix du conjoint, comme si cela dépendait de notre capacité. Je ne sous-entends pas par-là que c'est un sujet mineur mais j'aimerais plutôt souligner le fait que si vous êtes enfant de Dieu, vous devriez savoir que le Seigneur en avait déjà pensé avant vous. Le deuxième verset du Psaume 127 déclare : « *En vain vous levez-vous matin, vous couchez-vous tard, et mangez-vous le pain de douleur ; Il en donne autant à ses bien-aimés pendant leur sommeil* ».Ce texte donne la garantit que l'Éternel se préoccupe également des préoccupations et des besoins de ses enfants sans pour autant même que ces derniers les sachent, ainsi ils ne doivent pas s'en inquiéter comme s'ils étaient orphelins puisque leur Père prépare en avance leur lendemain. Jésus a lui-même dit : « *Car toutes ces choses, ce sont les païens qui les recherchent.* **Votre Père céleste sait que vous en avez besoin.** *Cherchez premièrement le royaume et la justice de Dieu ; et toutes ces choses vous seront données par de-dessus. Ne vous inquiétez donc pas du lendemain ; car le lendemain aura soin de lui-même. A chaque jour suffit sa peine* ». (Matthieu 6 :32-34).

Dieu connait tout de tout et tout de vous ; bien que depuis Adam et Eve le monde a radicalement changé mais Dieu lui n'a pas changé et ne changera jamais ; les circonstances peuvent variées mais pas ses principes. De la même manière qu'il a uni le premier couple, Dieu fait de même pour ses enfants qui cherchent en lui leurs orientations et conseils dans la recherche d'une âme sœur. La démarche d'orientation de Dieu peut changer d'une personne à une autre mais c'est lui qui opère tout en tous selon sa volonté (1 Corinthiens 12 :6).

Dieu sait d'avance

Dieu est plus responsable que nous tous réunis sur terre. Il ne sait pas seulement le commencement d'une chose mais également sa fin. Avant même qu'Adam ait senti le désir d'avoir une aide semblable à lui à ses côtés (Genèse 2 :20), l'Éternel l'avait déjà su et l'avait même déjà déclaré sans qu'Adam le sache en disant qu'il n'était bon qu'il soit seul (Genèse 2 :18). Vous devez savoir que lorsque vous êtes en Christ, tout votre être est pris en compte et qu'avant que quoique ce soit relève de vous, il en relève d'abord de Dieu parce que vous lui appartenez. Il savait que vous aurez besoin de quelqu'un à vos côtés avant même votre naissance. Donc point n'est besoin de s'inquiéter là-dessus ; dites-vous simplement le Seigneur a déjà quelqu'un en réserve pour moi. Et lorsque le bon moment arrivera, vous aurez qu'à demander et il vous donnera.

 Nombreux pensent que Dieu en dehors de l'union d'Adam et Eve, ne donne plus des conjoints ou des conjointes à ses enfants et que ces derniers doivent se débrouiller à leur manière ; ils appuient leurs propos sur le fait que Dieu serait déçu de voir d'Adam lui accuse de péché à cause de la femme que l'Éternel lui avait donné (Genèse 3 :12). Bien qu'à première vue selon peut sembler vraie mais selon l'esprit de la Bible, ce raisonnement est typiquement humain et aberrant du fait que Dieu n'est pas un homme pour réfléchir comme les hommes. Cela serait ignorer le fait que Dieu dirige la vie des enfants (Psaumes 32 :8). Dans Ésaïe 55 : 7-9 il dit : « *Que le méchant abandonne sa voie, et l'homme d'iniquité ses pensées ; qu'il retourne à l'Éternel, qui aura pitié de lui, à notre Dieu, qui ne se lasse pas de pardonner. Car mes pensées ne sont pas vos pensées et vos voies ne sont pas mes voies, dit l'Éternel. Autant les cieux sont élevés au-dessus de la terre, autant mes voies sont élevées au-dessus de vos voies, et mes pensées au-dessus de vos pensées* ».En tant qu'enfant de Dieu, le Seigneur contrôle, influence et dirige notre vie d'une manière ou d'une autre, que nous en soyons conscients ou non. C'est lui qui produit en nous même le vouloir et le faire selon son bon plaisir (Philippiens 2 :13-

14). Il instruit et montre la voie à suivre à ses enfants, il conseil et protège du danger (Psaumes 32 :8). Il met en garde, certainement fois d'une manière directe pour empêcher le mauvais choix.

Dieu prépare d'avance

L'Éternel ne se pas limité au constat et à la déclaration de dire qu'il n'était pas bon que l'homme soit seul mais il a pris également l'engagement de lui faire une aide parce que de tous les animaux du jardin, il n'y a en avait pas un qui pouvait être une aide semblable pour l'homme. C'est Dieu qui connait véritablement le type de personne avec laquelle vous pouvez vivre sur terre jusqu'à la fin de votre mission ; jusqu'à votre mort. Ne faites jamais de choix et ne prenez jamais des initiatives et des engagements sans au préalable demander à Dieu la personne qu'il a en réserve pour vous. Sinon vous serez surpris d'aller prendre un autre type personne qui n'est pas mal en soi mais puisqu'elle ne vous étiez pas destinée, elle ou il sera la mauvaise personne pour vous. Tout type de personne est bon mais tout type de personne n'est pas fait pour vivre ensemble dans la vie conjugale, surtout si cette personne n'est pas née de nouveau. Chacun a son chacun dans la vie par rapport à son tempérament, ses qualités et ses défauts. Ce qu'une telle ou telle autre personne ne peut supporter de telle ou telle personne, une autre le pourra parce qu'elle en a les capacités. Chaque espèce d'arbres, d'animaux et des invertébrés font partis chacun de la famille de son espèce mais tous ne sont pas faîtes pour vivre ensemble. Les uns sont plus à l'aise dans l'eau, d'autres dans la terre ferme, d'autres dans la forêt, d'autres dans le désert… Si vous inversez le cycle, cela peut entrainer la mort des uns ou des autres, et polluer le milieu habitable. En d'autres termes, si vous prenez un guépard et le mettez ensemble avec un lion, la cohabitation ne sera pas possible pourtant les deux sont des animaux carnivores mais ils ne peuvent cohabiter et même s'ils arrivés à s'entendre, lorsqu'il s'agira de prendre de l'allure, l'un va trainer les pattes par rapport à l'autre. Seul Dieu connait le mieux la personne qui peut vous apportez, vous aidez, vous supportez, vous résistez, vous encouragez, vous comprendre…

Proverbes 3 : 4-8 déclare : « *Confie-toi en l'Éternel de tout ton cœur, et ne t'appuie pas sur ta sagesse ; reconnais-le dans toutes tes voies, et il aplanira tes sentiers. Ne sois point sage à tes propres yeux, crains l'Éternel, et détourne-toi du mal* ». Il n'y a pas un domaine de votre vie dont Dieu ne peut pas et ne veut pas s'en occuper. Vous devez être patient comme Adam qui a attendu l'aide du Seigneur et ne se pas précipiter de prendre n'importe qui. Dieu sait qu'il n'est pas bon que vous soyez seul, il sait aussi que comme Adam vous n'avez pas de moyens de vous procurez une aide semblable à vous par vous-même et qu'il est le seul à pouvoir le faire, à pouvoir vous prévoir et vous pourvoir quelqu'un selon votre type de personne et selon vos attentes puisqu'il a dit : « *Je lui ferai une aide semblable à lui* ». C'est toujours le cas jusqu'à présent bien que les circonstances diffèrent par rapport à celles d'Adam et Eve mais le principe selon lequel Dieu pourvoit des aides à ses enfants demeure. Quel que soit l'endroit où vous êtes, quel que soit votre niveau de vie ou intellectuel, quel que soit vos défauts et qualités, le Seigneur a toujours en réserve quelqu'un selon votre type de personne. L'essentiel est de faire de Dieu le premier amour de votre vie, de votre cœur et de vos sentiments et pensées ; pour les restes, Dieu s'en occupera. Adam devait d'accord se concentrer dans le travail à faire pour Dieu pour ensuite recevoir l'aide qui lui manquait. Qu'il faut d'abord connaitre sa mission et le travail à faire pour ensuite évaluer la qualité ou niveau d'aide dont vous aurez besoin. Souvent nous désirons des aides sans pourtant en avoir réellement besoin et sans savoir la mission accomplir. Tout militaire n'est pas fait pour toute sorte des missions ; ceci dit : l'on évalue et trie les militaires selon les types de mission à accomplir. De même si vous prenez aide pour vous-même sans pour autant qu'elle ou qu'il soit préparé et qualifié à la tâche, au type de mission que vous avez accomplir, vous ferez naufrage quant à vôtre mission.

Psaumes 37 :4 déclare : « *Fais de l'Éternel tes délices, et il te donnera ce que ton cœur désire* » ; dans Romains 8 :26-28 il est écrit : «*De même aussi l'Esprit nous aide dans notre faiblesse, car nous ne savons pas ce qu'il nous convient de demander dans nos prières. Mais l'Esprit lui-même intercède par des soupirs inexprimables ; et celui qui sonde les cœurs connait quelle est la pensée de l'Esprit, parce que c'est selon Dieu qu'il intercède en faveur des saints* ». Éphésiens 3 : 20 déclare : « *Or, à celui qui peut faire, par la puissance qui agit en nous, infiniment au-delà de tout ce que nous demandons ou pensons»*. Dieu n'a pas donné à Adam une aide dissemblable mais plutôt semblable à lui bien qu'Adam ne l'avait pas exprimé verbalement mais son créateur connaissait le désir de son cœur. Il faut que vous ayez une aide semblable à vous et non semblable aux hommes.

Si vous n'êtes pas encore marié, point n'est besoin de vous inquiéter, car c'est Dieu qui donne. Que vous le lui exprimer verbalement ou non, Dieu vous conduira vers celui ou celle ou amènera vers vous celle ou celui qu'il avait choisi et préparer pour vous. Soyez en sûr et rassurez et lorsque le verrez, la confirmation viendra non de la chair, non de vos émotions et sentiments mais du Saint-Esprit qui habite en vous.

CONCLUSION

Toute relation conjugale entre l'homme et la femme n'a de sens et de raison d'être qu'en Dieu qui en est le concepteur. En dehors de la volonté de Dieu, sa présence ainsi que le cadre de vie commune conçu comme résidence du couple, qui n'est autre qu'Eden (sanctuaire de Dieu), tous les autres cadres jolis ou spéciales soient-ils, ne sont que dérisoires, aberrants et illusoires et par conséquent un désordre de l'ordre établi par le créateur dès le commencement.

Dans le plan Dieu, le couple humain est conçu pour vivre dans son sanctuaire et en sa présence, devant sa face afin de constituer un foyer de sacrificateurs et d'adorateurs du Dieu vivant ; pour servir de serviteurs et de protecteurs de la gloire et de la sainteté de Dieu. Comme les chérubins portent Dieu dans les cieux, le couple humain doit le faire ici-bas sur terre. Le soleil éclaire la terre mais Dieu est celui qui éclaire et qui doit éclairer le tout couple dans Eden.

Dieu ne voulait pas que le proto-couple d'Adam et Eve qui devait servir de modèle à tous les autres, vivent n'importe où et n'importe comment sur terre comme tous les autres animaux. Mais le Grand Dieu, l'Éternel des armées a pris le soin et le temps de leur élaborer un merveilleux cadre et un saint demeure qui n'est autre que son propre sanctuaire transplanté et installer du ciel sur terre comme cela sera le cas lors de la fin des temps où le Roi des rois Jésus-Christ de Nazareth installerait son tabernacle céleste sur terre (Apocalypse 21 :1-7).

Pour connaitre le but de l'union conjugale, son importance et ses objectifs, il nous faut remonter et reconsidérer le modèle ou la maquette que l'Eternel notre créateur nous a laissé dans sa parole au travers le premier couple.

TABLE DES MATIERES

<u>**Le résumé du livre :**</u>

Eden, le cadre du mariage est un livre qui aborde en profondeur la question du sanctuaire de Dieu (Eden), tout en démontrant avec des preuves bibliques le mystère caché du plan de Dieu pour l'homme et la femme ainsi que l'humanité toute entière.

La Bible dit que les choses cachées sont à l'Éternel, notre Dieu ; les choses révélées sont à nous et à nos enfants, à perpétuité, afin que nous mettions en pratique toutes les paroles de cette loi (Deutéronome 29 :29). A travers ce livre Dieu nous révèle une fois de plus l'infinie grandeur de sa sagesse.

Rien que la Genèse 1 et 2 disent tout en ce qui concerne la sacralité du mariage, son mode d'emploi mais surtout l'espace clé où l'union conjugale doit se dérouler. Lisez-le avec la parole de Dieu à la main et Dieu vous comblera de sa connaissance.

Le pasteur Souvenance Legrand GOLO-KOLO est marié à NTEBELE Chrisma Merveille. Ils ont deux enfants : Ruth et Christopher. Ils résident à Brazzaville, en République du Congo.

Il est le pasteur fondateur et visionnaire de l'église évangélique la voie (EEV), Assemblée de Dieu.

E-mail : legrandgolokolo@gmail.com

(+242) 06 923 02 55 / 05 638 83 85

Printed by Books on Demand GmbH, Norderstedt / Germany